应用型本科院校规划教材/通信工程类

主 编 杨旭峰 史焕卿
副主编 张 亮 宋伟先 梁 舒

通信原理

Communication Principles

哈尔滨工业大学出版社

内容简介

本教材以当前广泛应用的通信系统和代表发展趋势的通信技术为背景,在介绍传统技术基本原理的基础上,反映通信技术的最新发展。本书借鉴了国内很多所大学的通信教材,还参考了通信企业的培训教材和国外的有关文献,力求深入浅出,理论联系实际。

全书共有9章。主要包括绪论、信道、模拟调制系统、数字基带传输系统、基本数字信号的载波传输、模拟信号的数字传输、同步原理、多路复用原理和多址技术及通信网等内容。

图书在版编目(CIP)数据

通信原理/杨旭峰,史焕卿主编.—哈尔滨:
哈尔滨工业大学出版社,2010.8
ISBN 978-7-5603-3068-6

Ⅰ.①通… Ⅱ.①杨… ②史… Ⅲ.①通信理论-高等学校-教材 Ⅳ.①TN911

中国版本图书馆 CIP 数据核字(2010)第 157520 号

策划编辑	赵文斌 杜 燕
责任编辑	范业婷 许雅莹
出版发行	哈尔滨工业大学出版社
社　　址	哈尔滨市南岗区复华四道街10号 邮编150006
传　　真	0451-86414749
网　　址	http://hitpress.hit.edu.cn
印　　刷	肇东粮食印刷厂
开　　本	787mm×1092mm 1/16 印张 11 字数 247 千字
版　　次	2010年8月第1版 2010年8月第1次印刷
书　　号	ISBN 978-7-5603-3068-6
定　　价	22.80元

(如因印装质量问题影响阅读,我社负责调换)

《应用型本科院校规划教材》编委会

主　　任　　修朋月　　竺培国

副 主 任　　王玉文　　吕其诚　　线恒录　　李敬来

委　　员　　（按姓氏笔画排序）

丁福庆　于长福　王凤岐　王庄严　刘士军

刘宝华　朱建华　刘金祺　刘通学　刘福荣

张大平　杨玉顺　吴知丰　李俊杰　李继凡

林　艳　闻会新　高广军　柴玉华　韩毓洁

藏玉英

序

哈尔滨工业大学出版社策划的"应用型本科院校规划教材"即将付梓，诚可贺也。

该系列教材卷帙浩繁，凡百余种，涉及众多学科门类，定位准确，内容新颖，体系完整，实用性强，突出实践能力培养。不仅便于教师教学和学生学习，而且满足就业市场对应用型人才的迫切需求。

应用型本科院校的人才培养目标是面对现代社会生产、建设、管理、服务等一线岗位，培养能直接从事实际工作、解决具体问题、维持工作有效运行的高等应用型人才。应用型本科与研究型本科和高职高专院校在人才培养上有着明显的区别，其培养的人才特征是：①就业导向与社会需求高度吻合；②扎实的理论基础和过硬的实践能力紧密结合；③具备良好的人文素质和科学技术素质；④富于面对职业应用的创新精神。因此，应用型本科院校只有着力培养"进入角色快、业务水平高、动手能力强、综合素质好"的人才，才能在激烈的就业市场竞争中站稳脚跟。

目前国内应用型本科院校所采用的教材往往只是对理论性较强的本科院校教材的简单删减，针对性、应用性不够突出，因材施教的目的难以达到。因此亟须既有一定的理论深度又注重实践能力培养的系列教材，以满足应用型本科院校教学目标、培养方向和办学特色的需要。

哈尔滨工业大学出版社出版的"应用型本科院校规划教材"，在选题设计思路上认真贯彻教育部关于培养适应地方、区域经济和社会发展需要的"本科应用型高级专门人才"精神，根据黑龙江省委书记吉炳轩同志提出的关于加强应用型本科院校建设的意见，在应用型本科试点院校成功经验总结的基础上，特邀请黑龙江省9所知名的应用型本科院校的专家、学者联合编写。

本系列教材突出与办学定位、教学目标的一致性和适应性，既严格遵照学科体系的知识构成和教材编写的一般规律，又针对应用型本科人才培养目标及与之相适应的教学特点，精心设计写作体例，科学安排知识内容，围绕应用讲授理论，做到"基础知识够用、实践技能实用、专业理论管用"。同时注意适当融入新理论、新技术、新工艺、新成果，并且制作了与本书配套的PPT多媒体教学课件，形成立体化教材，供教师参考使用。

"应用型本科院校规划教材"的编辑出版，是适应"科教兴国"战略对复合型、应用型人才的需求，是推动相对滞后的应用型本科院校教材建设的一种有益尝试，在应用型创新人才培养方面是一件具有开创意义的工作，为应用型人才的培养提供了及时、可靠、坚实的保证。

希望本系列教材在使用过程中，通过编者、作者和读者的共同努力，厚积薄发、推陈出新、细上加细、精益求精，不断丰富、不断完善、不断创新，力争成为同类教材中的精品。

黑龙江省教育厅厅长

2010年元月于哈尔滨

前 言

进入 21 世纪以来，随着我国经济的高速发展和技术的不断进步，电信业务已经深入到千家万户。庞大的现代通信网已经成为国家的重要基础设施之一。在这种情况下，电信专业对于高级应用性一线的工程技术人员的培养和教育成为一项重要的任务。为了适应这一形势发展的需要，特编写此教材。

本教材以当前广泛应用的通信系统和代表发展趋势的通信技术为背景，在介绍传统技术基本原理的基础上，反映通信技术的最新发展。本书借鉴了国内很多所大学的通信教材，还参考了通信企业的培训教材和国外的有关文献，力求深入浅出，理论联系实际。

全书共有 9 章。主要包括绪论、信道、模拟调制系统、数字基带传输系统、基本数字信号的载波传输、模拟信号的数字传输、同步原理、多路复用原理和多址技术及通信网等内容。其中杨旭峰编写第 5 章、第 8 章、第 9 章；史焕卿编写第 2 章、第 4 章、第 7 章；张亮编写第 1 章及第 6 章的一部分；宋伟先编写第 3 章及第 6 章的后两节；梁舒编写第 6 章的前 4 节、第 9 章的电话网部分；丁文飞、孙慧楠等参与资料查询收集和整理工作。

本书的编写得到了竺培国教授、邢彦辰教授、温海洋、刘显忠的支持，他们对本书的出版提供了许多有益的建议。另外，对本书给予帮助的所有老师和同学们，在此一并感谢。

限于作者水平有限，书中难免有不妥之处，还望各位专家和同行赐教，敬请各位读者批评指正。

编 者
2010 年 7 月

目 录

第1章 绪 论 … 1
1.1 引 言 … 1
1.2 通信系统的组成 … 1
1.2.1 通信系统模型 … 1
1.2.2 模拟通信与数字通信系统模型 … 2
1.3 通信系统的分类 … 4
1.3.1 通信系统分类 … 4
1.3.2 通信方式 … 5
1.4 关于信息量及信源熵的计算 … 6
1.5 主要的性能指标 … 7
1.6 通信发展史 … 8
本章小结 … 10
习 题 … 11

第2章 信 道 … 12
2.1 信道的定义及分类 … 12
2.2 信道的数学模型 … 13
2.3 恒参信道 … 14
2.4 恒参信道的特性及其对信号传输的影响 … 15
2.5 随参信道 … 17
2.5.1 短波电离层反射信道 … 17
2.5.2 对流层散射信道 … 17
2.6 随参信道的特性及其对信号传输的影响 … 18
2.7 分集接收 … 19
2.7.1 分集方式 … 20
2.7.2 多径分集接收 … 20
2.8 信道的加性噪声 … 20
2.9 信道的容量 … 22
本章小结 … 24
习 题 … 24

第3章 模拟调制系统 … 25
3.1 线性系统的调制与解调 … 25

3.1.1　调制的概念 ………………………………………………………………… 25
　　3.1.2　振幅调制的基本原理 ………………………………………………………… 25
　　3.1.3　普通调幅波的数学表达式及其频谱 …………………………………………… 26
　　3.1.4　双边带调制(DSB) …………………………………………………………… 30
　　3.1.5　单边带调制(SSB) …………………………………………………………… 30
　　3.1.6　残留边带调制(VSB) ………………………………………………………… 32
　　3.1.7　解调 …………………………………………………………………………… 33
3.2　线性调制系统的信噪比 ……………………………………………………………… 34
　　3.2.1　双边带调制系统相干解调的抗噪声性能 ……………………………………… 35
　　3.2.2　单边带调制相干解调 ………………………………………………………… 36
　　3.2.3　AM调制系统非相干解调的噪声性能 ………………………………………… 38
3.3　非线性调制原理 ……………………………………………………………………… 40
　　3.3.1　角调制的基本原理 …………………………………………………………… 40
　　3.3.2　窄带角调制 …………………………………………………………………… 42
3.4　非线性调制抗噪声性能 ……………………………………………………………… 43
　　3.4.1　相干解调的抗噪声性能 ……………………………………………………… 43
　　3.4.2　非相干解调的抗噪声性能 …………………………………………………… 45
3.5　角度调制的接收 ……………………………………………………………………… 47
3.6　预加重和去加重技术 ………………………………………………………………… 49
本章小结 …………………………………………………………………………………… 51
习　题 ……………………………………………………………………………………… 51

第4章　数字基带传输系统 …………………………………………………………… 53

4.1　概述 …………………………………………………………………………………… 53
4.2　数字基带信号的编码原则 …………………………………………………………… 53
4.3　基带数字信号的波形 ………………………………………………………………… 54
　　4.3.1　二元码 ………………………………………………………………………… 54
　　4.3.2　三元码 ………………………………………………………………………… 55
4.4　数字基带信号的频谱特性 …………………………………………………………… 57
4.5　数字基带传输中的码间干扰 ………………………………………………………… 59
4.6　无码间串扰及奈奎斯特准则 ………………………………………………………… 60
4.7　部分响应系统 ………………………………………………………………………… 62
　　4.7.1　部分响应系统的基本原理 …………………………………………………… 62
　　4.7.2　实用的部分响应系统 ………………………………………………………… 64
　　4.7.3　一般形式的部分响应系统 …………………………………………………… 65
4.8　眼　图 ………………………………………………………………………………… 66
　　4.8.1　眼图的概念 …………………………………………………………………… 66

4.8.2　眼图形成原理及模型 …………………………………………… 67
　本章小结 ………………………………………………………………………… 68
　习　题 …………………………………………………………………………… 68
第5章　基本数字信号的载波传输 ……………………………………………… 70
　5.1　概　述 ……………………………………………………………………… 70
　5.2　二进制振幅键控(2ASK) ………………………………………………… 71
　　5.2.1　基本原理 ……………………………………………………………… 71
　　5.2.2　功率谱密度 …………………………………………………………… 72
　　5.2.3　误码率 ………………………………………………………………… 74
　　5.2.4　2ASK简易实现法 …………………………………………………… 76
　5.3　二进制移频键控(2FSK) ………………………………………………… 77
　　5.3.1　基本原理 ……………………………………………………………… 77
　　5.3.2　功率谱密度 …………………………………………………………… 79
　　5.3.3　误码率 ………………………………………………………………… 80
　　5.3.4　2FSK信号的简易实现 ……………………………………………… 82
　5.4　二进制移相键控及差分移相键控(2PSK及2DPSK) …………………… 83
　　5.4.1　基本原理 ……………………………………………………………… 83
　　5.4.2　功率谱密度 …………………………………………………………… 85
　　5.4.3　误码率 ………………………………………………………………… 86
　　5.4.4　2PSK信号的简易实现 ……………………………………………… 86
　5.5　二进制数字调制系统的性能比较 ………………………………………… 87
　5.6　多进制数字调制系统 ……………………………………………………… 88
　　5.6.1　多进制数字振幅调制的原理(MASK) ……………………………… 88
　　5.6.2　多进制频移键控调制原理(MFSK) ………………………………… 90
　　5.6.3　多进制移相键控调制原理(MPSK) ………………………………… 91
　　5.6.4　偏移四相移相键控(OQPSK) ……………………………………… 93
　　5.6.5　振幅/相位联合键控(APK) ………………………………………… 94
　　5.6.6　多进制数字键控系统举例 …………………………………………… 95
　本章小结 ………………………………………………………………………… 96
　习　题 …………………………………………………………………………… 96
第6章　模拟信号的数字传输 …………………………………………………… 98
　6.1　概　述 ……………………………………………………………………… 98
　6.2　模拟信号的抽样 …………………………………………………………… 99
　　6.2.1　抽样定理 ……………………………………………………………… 99
　　6.2.2　抽样定理的应用 …………………………………………………… 100
　6.3　抽样信号的量化 ………………………………………………………… 101

· 3 ·

6.3.1 量化原理 …… 101
　　6.3.2 均匀量化 …… 101
　　6.3.3 非均匀量化 …… 102
6.4 脉冲编码调制（PCM） …… 104
　　6.4.1 PCM 的基本原理 …… 104
　　6.4.2 折叠二进制码 …… 105
　　6.4.3 PCM 系统中噪声的影响 …… 108
6.5 增量调制 …… 109
　　6.5.1 增量调制的基本概念 …… 109
　　6.5.2 增量调制抗噪声性能 …… 110
6.6 差分脉冲编码调制 …… 111
　　6.6.1 差分脉冲编码调制的基本概念 …… 111
　　6.6.2 DPCM 的编码、解码过程 …… 111
6.7 PCM 和 ΔM 的性能比较 …… 112
本章小结 …… 113
习　题 …… 114

第7章 同步原理 …… 116
7.1 概　述 …… 116
7.2 载波同步方法 …… 117
　　7.2.1 直接法 …… 117
　　7.2.2 插入导频法 …… 119
　　7.2.3 载波同步系统的性能相位误差对解调性能的影响 …… 121
7.3 位同步 …… 122
　　7.3.1 插入导频法 …… 122
　　7.3.2 直接法 …… 123
7.4 群同步 …… 126
　　7.4.1 起止式同步法 …… 127
　　7.4.2 连贯式插入法 …… 127
　　7.4.3 间隔式插入法 …… 128
　　7.4.4 群同步系统的性能 …… 129
7.5 网同步 …… 130
本章小结 …… 131
习　题 …… 131

第8章 多路复用原理和多址技术介绍 …… 133
8.1 多路复用的概念 …… 133
　　8.1.1 频分复用 …… 133

8.1.2　时分复用和多路数字电话系统 …………………………………… 134
　　　8.1.3　码分复用 …………………………………………………………… 137
　8.2　多址技术介绍 ……………………………………………………………… 140
　　　8.2.1　频分多址(FDMA) …………………………………………………… 140
　　　8.2.2　时分多址(TDMA) …………………………………………………… 141
　　　8.2.3　码分多址(CDMA) …………………………………………………… 142
　本章小结 …………………………………………………………………………… 142
　习　题 ……………………………………………………………………………… 143

第9章　通信网 ………………………………………………………………………… 144
　9.1　电话网 ……………………………………………………………………… 144
　　　9.1.1　电话网的组成 ……………………………………………………… 144
　　　9.1.2　电话网的结构 ……………………………………………………… 144
　　　9.1.3　多运营商时电话网的组网方式 …………………………………… 148
　9.2　数据通信网 ………………………………………………………………… 149
　　　9.2.1　数据通信网系统模型 ……………………………………………… 149
　　　9.2.2　数据通信业务网 …………………………………………………… 150
　　　9.2.3　数据通信网业务发展和趋势分析 ………………………………… 153
　9.3　移动通信网 ………………………………………………………………… 154
　　　9.3.1　移动通信网的系统构成 …………………………………………… 154
　　　9.3.2　移动通信网的覆盖方式 …………………………………………… 155
　　　9.3.3　第四代移动通信系统网络结构及其关键技术 …………………… 156
　　　9.3.4　物联网的概念 ……………………………………………………… 156
　本章小结 …………………………………………………………………………… 157
　习　题 ……………………………………………………………………………… 158

参考文献 ………………………………………………………………………………… 159

第1章

绪 论

【学习目标】
掌握通信的基本概念、通信系统的组成和分类。掌握信息的度量及信息熵的概念。
【知识要点】
1. 掌握通信系统模型的组成。
2. 掌握通信系统的分类。
3. 掌握通信的度量及信源的熵。

1.1 引 言

通信的目的是传递消息,即采用任何方法通过任何媒体,将消息从一个地方传递到另一个地方。通信对于当今社会十分重要。

通信的发展可以分为三个阶段:第一阶段主要是语言、手势及烽火台;第二阶段主要是文字、印刷术、邮政;第三阶段主要是利用电信号进行消息的传递。本课程主要研究的就是利用电信号进行传递信息的范畴。

1.2 通信系统的组成

1.2.1 通信系统模型

点对点通信系统的一般模型如图 1.1 所示,由发送端(信源和发送设备)、信道和接收端(接收设备和信宿)三部分组成。

图 1.1 通信系统的一般模型

(1) 信源(Information Source)

信源是消息的产生地,其作用是把各种消息转换成原始电信号,该电信号称为消息信号或基带信号。信源分为模拟信源和数字信源。

(2) 发送设备(Send Equipment)

发送设备又称为发信机(Transmitter),其作用是将信源和信道匹配起来,即将信源产生的消息信号变换成适合在信道中传输的信号,其变换主要包括调制(Modulation)和编码(Coding)。编码包括信源编码(Source Coding)和信道编码(Channel Coding)。

(3) 信道(Channel)

信道又称为传输媒介(Transmission Medium),是传输信号的通道,即传输信号的物理媒质。信道分为无线和有线两类。

(4) 噪声源(Noise Source)

噪声源是信道中自身存在的噪声和分散在通信系统各处噪声的集中表示,噪声源影响通信质量。

(5) 接收设备(Receiving Equipment)

接收设备又称收信机(Receiver),作用是完成发送设备的反变换,即解调(Demodulation)和解码(Decoding)等,其主要任务是从带有干扰的接收信号中正确恢复出相应的原始基带信号。

(6) 信宿(Destination)

信宿是传输信息的归宿点,其作用是将复原后的原始信号转换成相应的消息。

上述模型概括地反映了通信系统的共性,根据我们的研究对象和所关心的问题,将会在这个模型的基础上做适当的变动。本课程的主要内容都是围绕通信系统模型而展开的。

1.2.2 模拟通信与数字通信系统模型

通信系统传输的消息是多种多样的,如符号、文字、语声、图像等。一般把消息分为两类:第一类为离散消息(数字消息),如符号、数据、文字等;第二类为模拟消息(连续消息),如语音、图像等。

消息与电信号必须建立单一的对应关系,否则在接收端无法复制,如语声音频电信号,幅度和频率要与语声一一对应。

消息被载荷在电信号的某一参量上,如果电信号的该参量携带离散消息,该参数量取值必是离散取值的,这样的电信号为数字信号,如图 1.2 所示。如电传机输出的信号就是数字信号。

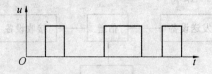

图 1.2 数字信号

如果电信号的参量连续取值,则称这样的电信号为模拟信号,如图 1.3 所示。如普通模拟电话机的输出就是模拟信号。

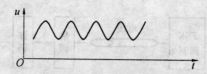

图 1.3　模拟信号

信道中传输的是模拟信号的通信系统,称为模拟通信系统。信道中传输的是数字信号的通信系统,称为数字通信系统。也可将模拟信号变成数字信号传输。

1. 模拟通信系统模型

模拟通信系统模型如图 1.4 所示。在模拟通信系统中,需要两种变换:第一种变换是发送端的连续消息要变换成原始电信号,接收端收到的信号要反变换成原连续消息;第二种变换是调制和解调。调制是将原始电信号变换成其频带适合信道传输的信号,解调是在接收端将信道中传输的信号还原成原始的电信号。

经过调制后的信号成为已调信号;发送端调制前和接收端解调后的信号成为基带信号。因此,原始电信号又称为基带信号,而已调信号又称为频带信号。

图 1.4　模拟通信系统模型

模拟通信系统的一个例子是中波广播电台,如发射频率为 1 450 kHz,如图 1.5 所示。

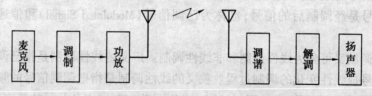

图 1.5　中波广播电台示意图

2. 数字通信系统模型

数字通信系统是指利用数字信号传递消息的通信系统,其模型如图 1.6 所示。数字通信涉及的技术问题很多,其中有信源编码、信道编码、保密编码、数字调制、数字复接、同步问题等。

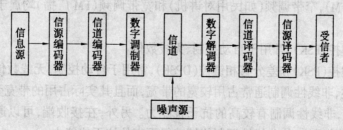

图 1.6　数字通信系统模型

数字通信系统的举例如图 1.7 所示。

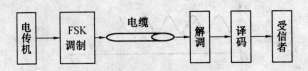

图 1.7 数字通信系统举例

1.3 通信系统的分类

1.3.1 通信系统分类

1. 按照消息的物理特征(即通信的业务内容)分类

按照消息的物理特征(即通信的业务内容)分类,狭义上通信系统可分为电报通信(Telegraph Communication)、电话通信(Telephone Communication)、数据通信(Data Traffic)和图像通信(Image Communication)等;广义上通信系统可分为遥测(Remote Measure)、遥控(Remote Control)和遥感(Remote Sensing)等。

2. 按照调制方式分类

按照调制方式,通信系统可分为基带传输和频带传输两种。基带传输是将未经调制的信号直接传送;频带传输是对各种信号调制后传输的总称。

基带信号(Base-Band Signal)是指未经调制的信号,也称低通信(Low-pass Signal),基带的含义是指信号的频谱从零频附近开始。

频带信号是经调制后的信号,也称为已调信号(Modulated Signal)和带通信号(Band-pass Signal)。

信号的调制又可分为线性调制和非线性调制。广义的线性调制是指已调波中被调参数随调制信号成线性变化的调制过程。狭义的线性调制是指把调制信号的频谱搬移到载波频率两侧而成为上、下边带的调制过程。此时只改变频谱中各分量的频率,但不改变各分量振幅的相对比例,使上边带的频谱结构与调制信号的频谱相同,下边带的频谱结构则是调制信号频谱的镜像。狭义的线性调制有调幅(AM)、抑制载波的双边带调制(DSBSC)和单边带调制(SSB)、残留边带调制(VSB)。

常见的非线性调制主要有:

①调频(FM),窄带调频(如民用对讲机)和宽带调频(FM 广播)均属于非线性调制范畴。

②移频键控(FSK),常用于自动控制、无线数传。

③移相键控(PSK)和差分移相键控(DPSK),常用于自动控制、无线数传。

如前所述,非线性调制通常占用较宽的带宽,而且其实际占用的带宽受其调制系数影响。由此可知,非线性调制有较高的抗干扰能力。另外,在接收端,可以通过限幅等手段滤除信道产生的干扰,使非线性调制能够获得更高的抗干扰能力。

3. 按照信号特征分类

按照信号特征,通信系统可分为模拟通信(Analog Communication)和数字通信(Digital Communication)。也有的资料将其分为三类,增加了模拟信号的数字传输系统。

4. 按照传输媒介分类

按照传输媒介,通信系统可分为有线通信和无线通信。有线通信是用导线(如架空明线、同轴电缆(Coaxial Cable)、光纤(Fiber)等)作为传输媒介完成通信,如市内电话、有线电视、海底电缆通信等;无线通信是依靠电磁波在空间传播达到传递消息的目的,如短波电离层传播、微波视距传播、卫星中继等。

5. 按照工作波段分类

不同频率的电磁波具有不同的传输特点,按照设备的工作频率,通信系统可分为长波通信(Longwave Communication)、中波通信(Mediumwave Communication)、短波通信(Shortwave Communication)、微波通信(Microwave Communication)、远红外线通信等。

6. 按照信号复用方式分类

按照信号复用方式,通信系统可分为频分复用(Frequency Division Multiplexing,FDM)、时分复用(Time Division Multiplexing,TDM)、码分复用(Code Division Multiplexing,CDM)和波分复用(Wavelength Division Multiplexing,WDM)。

1.3.2 通信方式

通信方式一般有点对点之间的通信和点对面的通信,如广播、电视;网络中用户间的通信,如电话交换网络。本书重点介绍点对点之间的通信,因为它是其他通信方式的基础。

点对点之间的通信可分为单工通信、半双工通信和全双工通信三种。

单工通信是指消息只能单方向传输的工作方式,如遥控等,如图1.8(a)所示。半双工通信是指通信双方都能收发消息,但不能同时进行收发,只能分时工作,如使用同一载频工作的无线电对讲机,如图1.8(b)所示。全双工通信是指通信双方可同时进行收发消息的工作方式,如普通电话,如图1.8(c)所示。

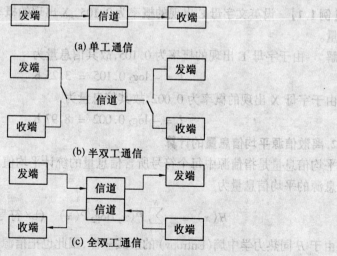

图1.8 通信方式示意图

1.4 关于信息量及信源熵的计算

通信的目的在于传递信息,消息包含着信息,消息的传递意味着信息的传递。每个消息信号必定包含接收者需要知道的信息,消息以具体信号形式表现出来;而信息则更抽象化、更普遍化,具有本质的内容。

1. 信息量的计算

信息在概念上与消息的意义相似,但它的含义更抽象化,信息也可以理解为消息中包含的有意义的内容。信息量是评价传输信息多少的一种度量。

消息中所含的信息量 I 是出现该消息的概率 $P(x)$ 的函数,$I = f[P(x)]$,消息出现概率越小,它所含的信息量越大,反之信息量越小,且当 $P(x) = 1$ 时,$I = 0$。若干个互相独立事件构成的消息,所含信息量等于各独立事件信息量之和。如果事件是不可能发生的,则它有无穷的信息量。

根据以上叙述可知,若事件发生的概率为 P_K, P_J,信息量为 I_K, I_J,则满足以下关系式:

(1) $P_K > P_J$ 时,$I_K < I_J$;

(2) $P_K \to 1$ 时,$I \to 0$;

(3) $0 \leq P_K \leq 1$ 时,$I_K \geq 0$;

(4) 如果发送两个统计独立的消息,传送总信息是这两个消息携带的信息量之和,$I_{(K,J)} = I_K + I_J$。

如果消息符合以上的条件,则其携带的信息量为

$$I = -\log_a \frac{1}{P(x)}$$

当对数底数 $a = 2$ 时,信息量的单位为比特(Bit),单位符号为 b;当 $a = e$ 时,信息量的单位为奈特(Nit);当 $a = 10$ 时,信息量的单位为哈特莱(Hartley)。

【例 1.1】 设英文字母 E 出现的概率为 0.105,X 出现的概率为 0.002。试求 E 及 X 的信息量。

解 由于字母 E 出现的概率为 0.105,故其信息量为

$$I = -\log_2 0.105 = 3.25 \text{ b}$$

由于字母 X 出现的概率为 0.002,故其信息量为

$$I = -\log_2 0.002 = 8.97 \text{ b}$$

2. 离散信源平均信息量的计算

平均信息量是指信源中每个符号所含信息量的统计平均值。统计独立的 N 个符号离散信息源的平均信息量为

$$H(x) = -\sum_{i=1}^{N} P(x_i) \log_2 P(x) \quad \text{(b/符号)}$$

由于 H 同热力学中熵(Entropy)的形式一样,因此也把信源输出消息的平均信息量称为信源的熵,单位为比特/符号(bit/符号),简记为 b/符号。熵值越大越好。当每个符号等

概率出现,且符号出现为统计独立时,该信源的熵最大,为

$$H(x) = \log_2 M \quad (\text{b/符号})$$

3. 连续消息平均信息量的计算

连续消息的平均信息量可用概率密度来描述,平均信息量为

$$H(x) = -\int_{-\infty}^{+\infty} f(x) \ln f(x) dx$$

式中,$f(x)$为连续消息出现的概率密度。

1.5 主要的性能指标

有效性和可靠性是通信系统的主要指标,前者是指消息传输的速度问题,后者是指消息传输的质量问题。

1. 模拟通信系统性能指标

模拟通信系统的有效性可用有效传输频带来度量,同样的消息用不同的调制方式,则需要不同的频带宽度。可靠性用接收端最终输出信噪比来度量。不同调制方式在同样信道信噪比下所得到的最终解调后的信噪比是不同的。

2. 数字通信系统性能指标

数字通信系统的有效性可用传输速率来衡量。可靠性可用差错率来衡量。传输速率一般分为码元传输速率、信息传输速率和频带利用率。差错率一般分为误码率和误信率。

(1) 码元传输速率 R_B

码元传输速率简称传码率,又称为符号速率、波形速率、信号速率、码元速率、数码率和码率等。定义为每秒传输码元的数目,单位是波特(Baud),记作 B(B 不能小写)。

数字信号有多进制和二进制之分,但码元速率与进制数无关,只与传输的码元长度 T 有关,即 $R_B = 1/T$。

(2) 信息传输速率 R_b

信息传输速率简称传信率或比特率等。定义为每秒传递的信息量,单位是比特／秒,记作 bit/s、b/s、bps。

由于信息量与进制数有关,因此信息传输速率也与进制数有关。

(3) 频带利用率

在比较不同通信系统的有效性时,不能只考虑其传输速率,还应考虑其所占带宽,故频带利用率是衡量有效性的重要指标。频带利用率定义为单位频带内的传输速率,即

$$\eta_B = \frac{R_B}{B}(\text{B/Hz}), \quad \eta_b = \frac{R_b}{B}[(\text{b/s})/\text{Hz}]$$

二者的关系为

$$\eta_b = R_B \cdot \log_2 M$$

(4) 码元传输速率与信息传输速率的关系

在二进制中,码元传输速率 R_{B2} 和信息传输速率 R_{b2} 在数值上相等,只是单位不同。在多进制中,R_{BM} 和 R_{bM} 数值和单位均不同,其换算关系为

$$R_{bM} = R_{BM}\log_2 M$$

如码元传输速率为 1 200 B,采用八进制($M = 8$)时,信息速率为 3 600 b/s;采用二进制($M = 2$)时,信息速率为 1 200 b/s。这说明为提高有效率,可以采用多进制传输。

在保证系统信息传输速率不变的情况下,多进制码元传输速率与二进制码元传输速率的转换关系为

$$R_{b2} = R_{bM}/\log_2 M$$

(5) 误码率 P_e

误码率又称为码元差错率,是指发生差错的码元数在传输总码元数中所占的比例,更确切地说,误码率是码元在传输系统中被传错的概率,即

$$P_e = \frac{错误码元数}{传输总码元数}$$

(6) 误信率 P_b

误信率又称为信息差错率或误比特率,是指错误接收的信息量在传送信息总量中所占的比例,即码元的信息量在传输系统中被丢失的概率。也可以说,发生差错的比特数在传输总比特数中所占的比例,故又称为误比特率,即

$$P_b = \frac{错误比特数}{传输总比特数}$$

在二进制中,N 进制时与译码方式有关,一般 $P_b < P_e$。

R_B 越大,有效性越好,但带来的问题是数字信号占用的带宽越大,同时抗噪声性能也越差,也就是误码率 P_e 越大;R_B 越小,通信的可靠性越高。一般对 P_e 的要求与所传输的信息有关,对数字电话信号要求 P_e 为 $10^{-5} \sim 10^{-6}$,或者更小。

(7) 误码率和误信率的关系

在二进制中,$P_e = R_b$,误码率和误信率相等。在多进制中,如 M 进制,每个码元含有 $n = \log_2 M$ 比特,出现错误的样式有 $M - 1$ 种,其中错误比特 $i(i = 1,2,\cdots,n)$ 的样式有 C_n^i 个。若错误样式等概率出现,则当一个码元发生错误时,在 n 比特中错误比特为所占比例的数学期望,即

$$E[n] = E\left[\frac{错误比特数}{一个码元中的比特数}\right] = \frac{1}{M-1}\sum_{i=1}^{n}\frac{i}{n}C_n^i = \frac{2^{n-1}}{M-1} = \frac{M}{2(M-1)}$$

因此,当 M 较大时,有

$$P_b = E[n]P_e = \frac{M}{2(M-1)}P_e \approx \frac{1}{2}P_e$$

1.6 通信发展史

1836 年,库克制成电磁电报机,并于次年申请了首个电报专利。1838 年,莫尔斯发明了由点、划组成的"莫尔斯电码"。1876 年,亚历山大·格雷厄姆·贝尔发明了世界上第一台可用的电话机,创建了贝尔电话公司,被誉为"电话之父"。1864 年,英国科学家麦克斯韦在总结前人研究电磁现象的基础上,建立了完整的电磁波理论。1898 年,马可尼又进

行了许多实验,不仅证明光是一种电磁波,而且发现了更多形式的电磁波,它们的本质完全相同,只是波长和频率有很大的差别。

现代移动通信技术的发展始于20世纪20年代,大致经历了五个发展阶段。

第一阶段从20世纪20年代至40年代,为早期发展阶段。在这期间,首先在短波几个频段上开发出专用移动通信系统,其代表是美国底特律市警察使用的车载无线电系统。该系统工作频率为2 MHz,到20世纪40年代提高到30~40 MHz。可以认为这个阶段是现代移动通信的起步阶段,特点是专用系统开发,工作频率较低。

第二阶段从20世纪40年代中期至60年代初期。在此期间,公用移动通信业务开始问世。1946年,根据美国联邦通信委员会(FCC)的计划,贝尔系统在圣路易斯城建立了世界上第一个公用汽车电话网,称为"城市系统"。这一阶段的特点是从专用移动网向公用移动网过渡,接续方式为人工,网的容量较小。

第三阶段从20世纪60年代中期至70年代中期。这一阶段是移动通信系统改进与完善的阶段,其特点是采用大区制、中小容量,使用450 MHz频段,实现了自动选频与自动接续。

第四阶段从20世纪70年代中期至80年代中期。这是移动通信蓬勃发展的时期。这一阶段的特点是蜂窝状移动通信网成为实用系统,并在世界各地迅速发展。

第五阶段从20世纪80年代中期开始至今。这是数字移动通信系统发展和成熟的时期。

与其他现代技术的发展一样,移动通信技术的发展也呈现加快趋势,"4化"成为其发展趋势。当前,无线通信技术和市场飞速发展,在新技术和市场需求的共同作用下,未来的无线通信技术呈现出网络异构化、扁平化、IP化、泛在化等几大趋势。

1. 异构化

异构无线网络融合是移动通信系统发展的重要趋势。为了适应不同的通信环境以及满足用户业务的宽带化、个性化、智能化要求,无线接入网络出现了多种技术并存的情况。一方面,3G技术拥有强大的网络管理和业务提供能力;另一方面,IEEE 802系列的技术研发和商业应用的速度非常迅速,并且其鲜明的技术特征、清晰的市场定位成为这些技术快速占领市场的关键。此外,包括超宽带(UWB)、蓝牙等在内的短距离无线通信为用户提供了更高速、更快捷的无线接入。因此,异构性更强、多样化更明显成为今后无线通信发展的主旋律。

2. 扁平化

未来无线通信的发展中,扁平化也是一个重要的特征。层次复杂的网络结构,会造成一些严重的问题。首先,全网多级投资计划建设,建设模式不尽相同,缺乏统一规划和管理,难以达到全网最优化设计;其次,网络结构层次和网络管理层次增多,会造成网络的性能指标下降,同时加大了建设和维护成本;最后,较多的网络层次,会使业务开展成本和业务维护成本增加,尤其是给全网性增值业务的开放带来困难。因此,网络结构的简单化、扁平化已成为未来无线通信发展的一个重要趋势。

3. IP化

随着IP技术的发展,移动网络逐渐面向全IP网络的趋势发展。业界希望最终能够形成具备互操作的、融合的网络结构,这将使得企业节省大量的投资,控制成本和风险,对最终用户实现各种网络的漫游和业务接入。未来要实现不同无线技术共用同一个核心网络,就必须积极推动网络融合工作,网络的全 IP 化有助于无线技术和核心技术的紧密集成。除此之外,全球移动用户和业务流量将不断增加,无线通信中不同的应用和服务对数据速度和带宽会产生不同的需求,只有使网络向着全 IP 的方向演进,才能同时满足各种高流量等级和不断变化的需求。未来网络的全 IP 化将是一个渐进的过程,它会逐步从核心网到接入网再到移动台。

4. 泛在化

随着 IT 产业的深入发展,信息逐渐渗透到人们日常生活的方方面面。网络的泛在化使得任何人无论何时何地都可以通过合适的终端设备与网络进行连接,获取个性化的信息服务。在未来的泛在网络环境中,网络将自然而深刻地融入人们日常的工作和生活中,主动感知用户场景的变化并进行信息交互,通过分析用户的个性化要求主动地提供服务。相应地,终端设备也将具备智能型接口及环境感知能力,使用户的使用更加简单和方便,从而满足人们对未来无线通信技术以用户为中心、随时随地接入网络的要求。

本章小结

(1) 信息量

$$I = -\log_a \frac{1}{p(x)}$$

(2) 平均信息量

$$H(x) = -\sum_{i=1}^{N} P(x_i)\log_2 P(x) \quad (\text{b/ 符号})$$

(3) 符号等概率时有最大熵

$$H(x) = \log_2 M \quad (\text{b/ 符号})$$

信息速率与码元速率的换算如下:

M 进制

$$R_{B2} = R_{BM}\log_2 M$$

频带利用率

$$\eta_B = \frac{R_B}{B}(\text{B/Hz}), \quad \eta_b = \frac{R_b}{B} \quad [(\text{b/s})/\text{Hz}]$$

误码率

$$P_e = \frac{\text{错误码元数}}{\text{传输总码元数}}$$

误信率

$$P_b = \frac{\text{错误比特数}}{\text{传输总比特数}}$$

习　题

1. 某信息源的符号集由 A、B、C、D 和 E 组成,设每一符号独立出现,其出现概率分别为 1/4、1/8、1/8、3/16 和 5/16。试求该信息源符号的平均信息量。

2. 设有四个消息 A、B、C、D 分别以概率 1/4、1/8、1/8 和 1/2 传送,每一消息的出现是相互独立的,试计算其平均信息量。

3. 一个由字母 A、B、C、D 组成的字。对于传输的每一个字母用二进制脉冲编码,00 代替 A、01 代替 B、10 代替 C、11 代替 D,每个脉冲宽度为 5 ms。

(1) 若不同的字母是等概率出现时,试计算传输的平均信息速率;

(2) 若不同的字母出现的概率分别为 $p(A) = 1/5$、$p(B) = 1/4$、$p(C) = 1/4$、$p(D) = 3/10$ 时,试计算传输的平均信息速率。

4. 国际莫尔斯电码用点和划的序列发送英文字母,划用持续 3 单位的电流脉冲表示,点用持续 1 单位的电流脉冲表示,且划出现的概率是点出现概率的 1/3。

(1) 计算点和划的信息量;

(2) 计算点和划的平均信息量。

5. 设一信息源的输出由 128 个不同字符组成。其中 16 个字符出现的概率为 1/32,其余 112 个字符出现的概率为 1/224。信息源每秒发出 1 000 个符号,且每个符号彼此独立。试计算信息源的平均信息速率。

6. 对于二电平数字信号,每秒传输 300 个码元,问此传码率 R_B 等于多少?若该数字信号 0 和 1 出现是独立等概率的,那么传信率 R_b 等于多少?

7. 若 2 题中信息源以 100 B 速率传输信息,则传送 1 h 的信息量为多少?传送 1 h 可能达到的最大信息量为多少?

8. 如果有二进制独立等概率信号,码元宽度为 0.5 nm,求 R_B 和 R_b。有四进制信号,码元宽度为 0.5 nm,求传码率 R_B 和独立等概率时的传信率 R_b。

9. 以无线广播和电视为例,说明图 1.1 所示模型中信息源、受信者以及信道包含的具体内容是什么?

10. 数字通信有哪些特点?

11. 通信方式是如何确定的?

第 2 章 信 道

【学习目标】

信道是传输信号的通道,它是影响通信系统性能的重要因素。本章主要介绍各类信道的传输特性、加性噪声以及信道容量的基本概念。

【知识要点】

1. 了解各类信道的传输特性、加性噪声以及信道容量的基本概念。
2. 掌握信道的传输特性及计算信道容量的香农公式。

2.1 信道的定义及分类

信道是连接发送端和接收端之间传输媒质的总称,是任何通信系统不可或缺的组成部分。信道可以分为两大类:无线信道和有线信道。无线信道利用电磁波在空间中的传播来传输信号,而有线信道则需利用人造的传输媒体来传输信号。从研究的角度来说,信道的范围还可以扩大,除包括传输媒质外,还可以包括发送设备、接收设备、调制器等,这就是广义信道。

广义信道按照功能可以划分为调制信道与编码信道,如图 2.1 所示。调制信道包含调制器和解调器之间的所有单元,编码信道包含编码器和译码器之间的所有单元。当研究调制器和解调器的性能时,使用调制信道,且只需要关心调制信道对已调信号的变化结果。当研究数字通信系统的差错概率时,使用编码信道。由于编码信道包含调制信道,所以调制信道对编码信道的性能有误码率的影响。

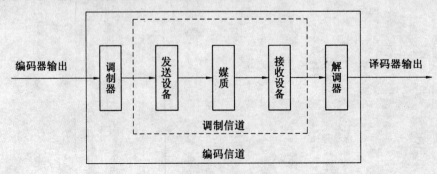

图 2.1 调制信道与编码信道

根据研究对象的不同,还可以定义其他范畴的广义信道。

2.2 信道的数学模型

分别建立调制信道和编码信道的数学模型,以便分析其对信号传输的影响。

1. 调制信道模型

调制信道的特点有:

①有一对(或多对)输入端和一对(或多对)输出端;

②信号通过信道具有一定的时延时间,而且它还会造成损耗;

③即使没有信号输入,在信道的输出端仍有一定的功率输出。

根据以上特点可列出输入与输出的关系为

$$e_o(t) = f[e_i(t)] + n(t) \tag{2.1}$$

式中 $e_o(t)$——输入的已调信号;

$e_i(t)$——信道总输出波形;

$n(t)$——加性噪声。

$f[s_i(t)]$ 表示已调信号通过网络所发生的线性变换。现在,假定能把 $f[s_i(t)]$ 写为 $k(t)s_i(t)$,其中,$k(t)$ 根据网络特性,反映网络对 $s_i(t)$ 的作用。$k(t)$ 对于 $s_i(t)$ 来说是一种干扰,通常称为乘性干扰。于是式(2.1)可以写为

$$s_o(t) = k(t)s_i(t) + n(t) \tag{2.2}$$

由以上分析可见,信道对信号的影响可归结为两点:一是乘性干扰 $k(t)$,二是加性干扰 $n(t)$。信道的不同特性反映在信道模型上仅为 $k(t)$ 及 $n(t)$ 不同而已。

通常乘性干扰 $k(t)$ 是一个复杂的函数,它可能包括各种线性畸变、非线性畸变。经观察总结后可知,有些信道的 $k(t)$ 基本不随时间变化,也就是说,信道对信号的影响是固定的或变化极为缓慢的;而有些信道却不然,它们的 $k(t)$ 是随机快速变化的。因此,在分析乘性干扰时,可以把信道粗略地分为恒参信道和随参信道。

后面的章节将会对这两种不同类型的信道进行介绍和分类。

2. 编码信道模型

编码信道与调制信道有明显的不同。调制信道对信号的影响是通过 $k(t)$ 及 $n(t)$ 使已调信号发生模拟性的变化,而编码信道对信号的影响是一种数字序列变成另一种数字序列,它对信号的影响可以用转移概率描述。由于编码信道包含调制信道,故它要受调制信道的影响。不过,从编码和译码的角度来看,这个影响已反映在解调器的输出数字序列中,即输出数字将以某种概率发生差错。显然,调制信道越差,发生差错的概率越大,因此,编码信道模型可以用数字的转移概率描述。例如,一个最常见的二进制数字传输系统的简单编码信道模型如图 2.2 所示。在这个模型中,$p(0/0)$ 与 $p(1/1)$ 是正确转移概率,而 $p(1/0)$ 与 $p(0/1)$ 是错误转移概率,其中,$p(1/0)$ 为发送"0"而接收到"1"的概率,而 $p(0/1)$ 为发送"1"而接收到"0"的概率。由无记忆二进制编码信道模型,容易推出无记忆多进制的模型。图 2.3 给出四进制编码信道模型。

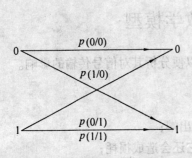 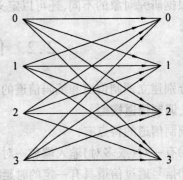

图 2.2 二进制编码信道模型　　　图 2.3 四进制编码信道模型

需要指出的是,如果编码信道是有记忆的,即信道中码元发生差错的事件是非独立事件,信道转移概率表示式也变得很复杂,这里不再讨论。

2.3 恒参信道

恒参信道对信号的影响是固定的或变化极为缓慢的,包括架空明线、光纤、同轴电缆、微波视距等。下面简要介绍几种。

1. 双绞线

双绞线由两根互相绝缘的铜导线用规则的方法扭绞而成,可分为两大类:非屏蔽双绞线(UTP)和屏蔽双绞线(STP)。双绞线的主要缺点是存在较强的趋肤效应,因而中继距离短。双绞线的主要应用场合为本地环路、局域网、用户分配系统以及专用自动小交换机(PABX)与端局交换机之间。

2. 同轴电缆

同轴电缆由单根实心铜质芯线(内导体)、绝缘层、网状编织的屏蔽层(外导体)以及保护外层组成。由于外导体可以屏蔽外来的电磁干扰,因此同轴电缆具有很好的抗干扰特性,且因趋肤效应所引起的功率损失也会大大减小,如图2.4所示。与双绞线相比,同轴电缆具有更宽的带宽、更快的传输速率和更低的误码率。同轴电缆的中继距离仍较短,仅为 2 km 左右,而且安装成本高。有线电视城域网主要用同轴电缆作为传输媒质。

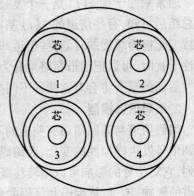

图 2.4 同轴电缆截面示意图

3. 光纤

光纤通信以光波为载波、以光导纤维为传输媒质。光纤的主要优点是:频带宽,容量大;中继距离长;抗干扰性好,误码率低;保密性强;成本低廉;弹性的业务传输能力,即无需改变处于正常状态下的光纤,只需增加设备就能在原有的光纤上再增加容量。

光纤由纤芯、包层和涂覆层构成。纤芯由高度透明的材料构成；包层的折射率略小于纤芯，从而可形成光波导效应，使大部分的光被束缚在纤芯中传输；涂覆层的作用是增强光纤的柔韧性。为了进一步保护光纤，提高光纤的机械强度，一般在带有涂覆层的光纤外面再套一层热塑性材料，成为套塑层(或二次涂覆层)。在涂覆层和套塑层之间还需填充材料，称为缓冲层(或称垫层)。目前使用的光纤大多为石英光纤，它以纯净的二氧化硅材料为主，为了改变折射率，中间掺以合适的杂质。掺锗和磷可以使折射率增加，掺硼和氟可以使折射率降低。长途电话中继网和互联网的骨干网以及城域网多用光纤作为传输媒质。

4. 无线电恒参信道

当无线电频率工作在超短波和微波波段时，通信距离依靠中继方式延伸无线电线路。为了达到远程通信的目的，无线电中继每隔 50 km 将信号转发一次，如图 2.5 所示。这样经过多次转发，也能实现远程通信。由于中继间的距离是视距的距离，此种通信信道称为无线电视距中继信道。

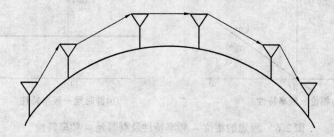

图 2.5　无线电中继信道的构成

由于视距传输的距离和天线架设高度有关，故利用人造卫星作为转发站(或基站)将会大大提高视距。在距地面 35 800 km 的赤道平面上卫星围绕地球转动一周的时间和地球自转周期相等，从地球上看卫星好像静止不动的，利用 3 颗这样的卫星就能覆盖全球。卫星中继也属于无线恒参信道中的一种，这种信道具有传输距离远、覆盖地域广、传播稳定可靠、传输容量大等突出优点，目前广泛用来传输多路电话、电报、数据和电视。

下面再来讨论恒参信道的特性及其对信号传输的影响。

2.4　恒参信道的特性及其对信号传输的影响

可以认为恒参信道等效于一个非时变的线性网络。从理论上讲，只要得到了这个网络的传输特性，则利用线性系统的分析方法，就可求得已调信号通过恒参信道的变化规律。

网络的传输通常可以幅度－频率特性，相位－频率特性来表征。设网络传输函数为

$$H(\omega) = A(\omega)e^{j\omega\tau(\omega)} \tag{2.3}$$

式中　$A(\omega)$——幅频特性；

$\tau(\omega)$——相频特性。

幅度－频率畸变是由有线电话信道的幅度－频率特性的不理想所引起的，这种畸变又称为频率失真。在通常的电话信道中可能存在各种滤波器，还可能存在线圈等。一般幅度－频率特性总不可能理想。若要传输数字信号，还会引起相邻码元波形在时间上的相

互重叠,即造成码间串扰。为了减少幅度－频率畸变,一般都要求把幅度－频率畸变控制在一个允许的范围内;或者再通过一个线性补偿网络,使衰耗特性曲线变得平坦,这一措施通常称为"均衡"。

相位－频率畸变对模拟话音通信影响并不显著,这是因为人耳对相频畸变不太灵敏;但对数字信号传输却不然,尤其当传输速率高时,相频畸变会引起严重的码间串扰,造成误码。

信道的相位－频率特性还经常采用群时延－频率特性来衡量,所谓群时延－频率特性就是相位－频率特性对频率的导数。则群时延－频率特性为

$$\tau(\omega) = \frac{d\varphi(\omega)}{d(\omega)} \tag{2.4}$$

不难看出,如果 $\varphi(\omega) - \omega$ 呈线性关系,那么 $\tau(\omega) - \omega$ 曲线将是一条水平直线,如图2.6所示。

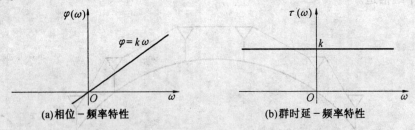

(a)相位－频率特性　　　　(b)群时延－频率特性

图 2.6　理想的相位－频率特性及群时延－频率特性

信号的不同频率成分将有相同的群时延,因而信号经过传输后不会发生畸变。但实际的信道特性总是偏离特性。当非单一频率的信号通过该信道时,信号频谱中的不同频率分量将有不同的群时延,即它们到达的时间不一样,从而引起信号的畸变。群时延畸变如同幅频畸变一样,也是一种线性畸变,因此,采取均衡措施也可以得到补偿。

综上所述,恒参信道通常用幅度－频率特性及相位－频率特性来表述,这两个特性不理想,将是损害信号传输的重要因素。此外还有一些其他因素使信道产生畸变,例如,非线性畸变、频率偏移及相位抖动等。以上的非线性畸变一旦产生,均难以消除,因此在系统设计时要加以重视。

【**例 2.1**】　一信号 $s(t) = A\cos\Omega t\cos\omega_0 t$ 通过衰减为固定常数、存在相移的网络。试证明:若 $\omega_0 \gg \Omega$,且 $\omega_0 \pm \Omega$ 附近的相频特性曲线可近似为线性,则网络在 ω_0 处的群时延等于它对 $s(t)$ 包络的时延。

证明　将网络的传输函数表示为

$$H(\omega) = ke^{j\varphi(\omega)}$$

因为 $\omega_0 \gg \Omega$,且在 $\omega_0 \pm \Omega$ 附近的相频特性可近似为直线,因而有

$$\varphi(\omega) = -t_d(\omega - \omega_0) + \varphi(\omega_0) \quad (\omega_0 - \Omega \leq \omega \leq \omega_0 + \Omega)$$

式中,$-t_d$ 为 $\varphi(\omega)$ 在 ω_0 处的群时延。将 $s(t)$ 表示为

$$s(t) = \frac{1}{2}A[\cos(\omega_0 + \Omega)t + \cos(\omega_0 - \Omega)t]$$

网络输出信号为

$$s_o(t) = \frac{1}{2}AK\{\cos[(\omega_0+\Omega)t+\varphi(\omega_0+\Omega)] + \cos[(\omega_0-\Omega)t+\varphi(\omega_0-\Omega)]\} =$$
$$\frac{1}{2}AK\{\cos[\omega_0 t+\varphi(\omega_0)+\Omega(t-t_d)] + \cos[\omega_0 t+\varphi(\omega_0)-\Omega(t-t_d)]\} =$$
$$AK\cos\Omega(t-t_d)\cos[\omega_0 t+\varphi(\omega_0)]$$

可见,网络对 $s(t)$ 包络的时延时间为 t_d,与网络在 ω_0 处的群时延是相等的(人们常用这一原理来测量网络的群时延特性)。

2.5 随参信道

短波电离层反射信道、超短波流星余迹散射信道、超短波及微波对流层散射信道、超短波电离层散射信道、超短波超视距绕射信道以及陆地移动通信信道等均属于随参信道。

下面以短波电离层反射信道、微波对流层散射信道为例说明随参信道。

2.5.1 短波电离层反射信道

频率为 3.30 MHz(波长为 10~100 m)的无线电波称为短波,由电离层反射传播,简称天波传播,如图 2.7 所示。天波传播由于经电离层一次反射或多次反射,传输距离可达几千公里甚至上万公里。电离层为距离地面高 60~600 km 的大气层。在太阳辐射的紫外线和 X 射线的作用下,大气分子产生电离而形成电离层。电离层能够反射短波电磁波,由发送天线发出的短波信号经由电离层一次或多次反射传播到接收端,如同经过一次或多次无源中继。这种中继不同于卫星通信中的通过通信卫星的方式,也不同于微波中继通信的中继方式。有以下特点:

① 由于电离层不是一个平面而是有一定厚度的,并且有不同高度的两到四层,所以发送天线发出的信号经不同高度的电离层反射到达接收端的信号是由许多经不同长度路径和损耗的信号之和,这种信号称为多径信号。

② 电离层的性质(如电离层的电子密度、高度、厚度等)受太阳辐射和其他许多因素的影响,不断地随机变化。如四层中的 D 层和 F 层白天存在,夜晚消失,电离层的电子密度随昼夜、季节以至年份而变化。

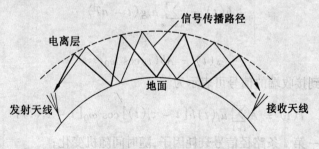

图 2.7 天波传播

2.5.2 对流层散射信道

对流层散射信道是一种超视距的传播信道,是距地面 10 ~ 12 km 的大气层,对流层中由于大气湍流运动等因素而引起大气层的不均匀性。当电磁波射入对流层时,这种不均匀性就会引起电磁波的散射,也就是漫反射。衰落是对流层散射信道的主要特征,分为慢衰落和快衰落。前者取决于气象条件,后者由多径传播引起。散射信道是典型的多径信道。多径传播不仅引起信号电平的快衰落,而且还会导致波形失真。

对流层散射信道的应用场合可分为干线通信和点对点通信,前者需要每隔 300 km 左右建立一个中继站,构成无线电中继线路,以达到远距离传输的目的;后者主要应用于海岛与陆地、边远地区与中心城市之间的通信。

以上介绍了两种比较典型的随参信道的特性,下面再来讨论随参信道对信号的影响。

2.6 随参信道的特性及其对信号传输的影响

随参信道的特性比恒参信道要复杂得多,对信号的影响也要严重得多。根据以上分析,随参信道的传输媒质有三个特点:
① 对信号的衰落随时间变化;
② 对信号的时延随时间变化;
③ 多径传播。

根据以上三个特点建立数学模型,令发送端信号为

$$s(t) = A \sum_{n=-\infty}^{\infty} a_n g(t - nT) \cdot \cos \omega_0 t \tag{2.5}$$

式中　A——信号幅度;
　　　a_n——信息码元;
　　　$g(t)$——信息码元波形;
　　　ω_0——载波角频率。

为了便于分析,令

$$b(t) = \sum_{n=-\infty}^{\infty} a_n g(t - nT)$$

则有

$$s(t) = Ab(t)\cos \omega_0 t \tag{2.6}$$

经多径传播到接收端的信号可表示为

$$r(t) = A \sum_{i=1}^{n} u_i(t) b[t - \tau_i(t)] \cos \omega_0 [t - \tau_i(t)] \tag{2.7}$$

式中　$u_i(t)$——第 i 条路径信号衰耗因子,随时间随机变化;
　　　$\tau_i(t)$——第 i 条路径的传输时延,也是时间的随机函数。

令

$$\varphi_i(t) = -\omega_0 \tau_i(t)$$

则有
$$r(t) = A\sum_{i=1}^{n} u_i(t)b[t - \tau_i(t)]\cos[\omega_0 t + \varphi_i(t)]$$

经大量观测可知,$u_i(t)$ 和 $\varphi_i(t)$ 与载波 $\cos \omega_0 t$ 相比,变化缓慢得多,因此 $r(t)$ 可看做窄带随机过程。另一种形式:

$$r(t) = A\sum_{i=1}^{n} u_i(t)\cos \varphi_i(t)b[t - \tau_i(t)]\cos \omega_0 t - A\sum_{i=1}^{n} u_i(t)\sin \varphi_i(t)b[t - \tau_i(t)]\sin \omega_0 t$$

可作为随参信道的数学模型,分析随参信道对信号的影响。

将随参信道对信号传输的影响分两种情况讨论:

(1) 当 $|\tau_i(t)|_{\max} \ll T$(信息码元间隔)时,可以认为

$$\sum_{i=1}^{n} b[t - \tau_i(t)] \approx b[t - \overline{\tau_i(t)}]$$

可将随参信道的数学模型公式改写为

$$r(t) = Ab[t - \overline{\tau_i(t)}]\Big[\sum_{i=1}^{n} u_i(t)\cos \varphi_i(t)\cos \omega_0 t - \sum_{i=1}^{n} u_i(t)\sin \varphi_i(t)\sin \omega_0 t\Big]$$

令

$$x_c(t) = \sum_{i=1}^{n} u_i(t)\cos \varphi_i(t) \quad x_s(t) = \sum_{i=1}^{n} u_i \sin \varphi_i(t)$$

则有

$$r(t) = Ab[t - \overline{\tau_i(t)}][x_c(t)\cos \omega_0 t - x_s(t)\sin \omega_0 t] = Ab[t - \overline{\tau_i(t)}]v(t)\cos[\omega_0 t + \varphi(t)]$$

其中 $v(t) = \sqrt{x_c^2(t) + x_s^2(t)}$ 为 $r(t)$ 的随机包络。

$$\varphi(t) = \arctan \frac{x_s(t)}{x_c(t)} \tag{2.8}$$

多径传输和信道特性的变化,导致接收端信号幅度随机起伏变化,载波相位随机变化,而基带信号 $b(t)$ 波形变化不大,这种现象称为平坦性衰落或一般性衰落。

(2) $|\tau_i(t)|_{\max}$ 与 T 相当,这时 $\sum_{i=1}^{n} b[t - \tau_i(t)]$ 与 $b[t - \overline{\tau_i(t)}]$ 有很大差别。不同路径信号的不同信息码元之间会产生很大的相互干扰,称为码间干扰或符号间干扰,使数字信号波形产生严重失真,引起很大误码,严重时不能正常通信。这种情况下,信号的幅度和相位随机变化,而且其信号波形也产生了很大畸变。从频域看,其不同频率分量受到不同程度的衰落,因此这种衰落称为频率选择性衰落。

2.7 分集接收

分集接收是一种有效抵抗一般性衰落的技术,其原理是利用两个以上的信号传送同一信息,并且这些不同信号的衰落相互独立。接收端以适当的方式将这些信号合并起来加

以利用,解出信息。

2.7.1 分集方式

1. 空间分集

两天线接收同一信号,如果两天线的距离大于载波波长的 100 倍以上,则两个接收天线的输出信号的衰落将不相关,这称为空间分集。两个天线接收称为两重空间,三个天线接收称为三重空间。

2. 频率分集

利用两个以上具有一定频率间隔的载波频率的信号传送同一信息,如果不同载波频率的差大于信道的相关带宽,则在接收端不同载波频率信号的衰落将不相关,这种分集方式称为频率分集。

3. 角度分集

由不同指向的天线波束得到互不相关的衰落信号。

4. 极化分集

接收水平极化的信号与垂直极化的信号的衰落也不相关。

分集接收技术包含两方面内容,即信号的分散接收与合并输出。因此分集技术主要解决两个问题:一是如何获得同一信号的多个彼此尽可能不相关的接收信号;二是如何有效地利用所接收到的各支路信号,采取妥善的方式将它们合并。

2.7.2 多径分集接收

不同支路信号合并的主要方式有选择式集中和合并式集中。

1. 选择式集中

比较各支路的信噪比,选择信噪比最大的一路为接收信号。

2. 合并式集中

① 等增益相加式:将几个分散信号以相同的支路增益进行直接相加作为接收信号。

② 最佳比例相加:控制各支路增益,以各支路的信噪比为加权系数将各支路信号相加作为接收信号。

以上各合并方式改善总接收信噪比的能力不同。最大比值合并方式性能最好,等增益相加方式次之,最佳选择方式最差。从总的分集效果来说,主要是改善了衰落特性,使信道的衰落平滑、减少。

2.8 信道的加性噪声

信道中的加性噪声是固有的,独立于有用信号而存在,而且始终在干扰有用信号。

1. 加性噪声

(1) 人为噪声

人为噪声是指各种电气装置所产生的工业干扰、无线电干扰、电焊机、高频电炉、电磁干扰、电火花干扰等。

(2) 自然噪声

自然噪声是指闪电、宇宙辐射噪声、太阳黑子运动等。

(3) 内部噪声

内部噪声是系统设备本身产生的各种噪声,电阻一类的导体中自由电子的热运动,真空管中电子的起伏发射和半导体中载流子的起伏变化。

还有一些噪声往往不能预测,不能预测的噪声称为随机噪声,随机噪声分为单频噪声、脉冲噪声、起伏噪声。

2. 单频噪声

单频噪声是一种连续波的干扰,其频谱集中在某个频率附近较窄的范围之内。主要是指无线电噪声、电源的交流声、还有信道内设备的自激振荡。

3. 脉冲噪声

脉冲噪声具有突发性,持续时间短,但每个突发的脉冲幅度大,相邻突发脉冲之间有较长的平静期。

4. 起伏噪声

起伏噪声是最基本的噪声来源,是普遍存在和不可避免的。其波形随时间作不规律的随机变化,且具有很宽的频谱。主要包括信道内元器件所产生的热噪声、散弹噪声和无线电噪声中的宇宙噪声。从统计特性来看,起伏噪声是一种高斯噪声,且在相当宽的频率范围内具有平坦的功率密度谱,可称其为白噪声,所以起伏噪声又可表述高斯白噪声。下面介绍几种主要的起伏噪声产生的物理原因和性质。

(1) 热噪声

电阻一类导体中,由自由电子的布朗运动引起的噪声称为热噪声。导体中的每一个自由电子由于其热能而运动。在任何时刻通过导体每个截面的电子数目代数和是不等于零的,即自由电子的随机热骚动带来一个大小和方向都不确定的电流——起伏电流(噪声电流),它们流过导体就产生一个与其电阻成正比的随时间而变的电压——起伏电压(噪声电压)。在没有外加电场的情况下,这些起伏电流(或电压)相互抵消,使其净电流(或电压)的平均值为零。热噪声电压在 $0 \sim 10^3$ Hz 频率范围内具有均匀的功率谱密度。

(2) 散弹噪声

由真空电子管和半导体器件中电子发射的不均匀性引起的噪声称为散弹噪声。电子管中的散弹噪声是由阴极表面发射电子的不均匀性引起的。在半导体二极管和三极管中的散弹噪声则是由载流子扩散的不均匀性与电子空穴对产生和复合的随机性引起的。

(3) 宇宙噪声

宇宙噪声是指天体辐射波对接收机形成的噪声。它在整个空间的分布是不均匀的,最强的来自银河系的中部,其强度与季节、频率等因素有关。在 20 ~ 300 MHz 的频率范围内,它的强度与频率的三次方成反比。当工作频率低于 300 MHz 时就要考虑到它的影响。宇宙噪声也服从高斯分布,在一般的工作频率范围内,它也具有平坦的功率谱密度。

如果噪声在整个频率范围内具有平坦的功率谱密度,称其为白噪声。白噪声的功率谱密度和自相关函数的图形如图 2.8 所示。

上述噪声带宽的定义将适用于今后常见的窄带高斯噪声。可见,对于带宽为 B_n 的窄带高斯噪声,可以认为它的功率谱密度在带宽内是平坦的。

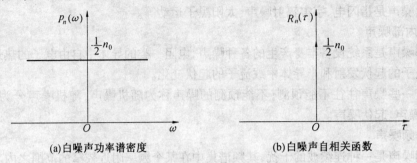

(a) 白噪声功率谱密度　　　　　(b) 白噪声自相关函数

图 2.8　白噪声的功率谱密度与自相关函数

2.9　信道的容量

一般定义单位时间内传送的最大信息量为信道容量。

1. 离散信道的信道容量

令信道的输入为 $x \in (x_1, x_2, \cdots, x_n)$,输出为 $y \in (y_1, y_2, \cdots, y_n)$,给定 x 的先验概率 $p(x_i), i = 1, 2, \cdots, n$,$x$ 与 y 的互信息量为

$$I(X, Y) = H(X) - H(X/Y) = H(Y) - H(Y/X) \tag{2.9}$$

式中　　$H(X)$——X 的符号熵;

$H(X/Y)$——X 的条件符号熵;

$H(Y)$——Y 的符号熵;

$H(Y/X)$——Y 的条件符号熵。

互信息量 $I(X, Y)$ 既与信道特性有关,也与 X 的概率分布 $p(x_i)$ 有关。对于一定的信道,不同概率分布对应不同的 $I(X, Y)$,即是 $p_i(i = 1, 2, \cdots, n)$ 的函数,其中某一种概率分布 $p_i(i = 1, 2, \cdots, n)$ 对应的 $I(X, Y)$ 最大,表示为

$$C = \max_{p(x_i)} I(X, Y) \tag{2.10}$$

C 为通过信道每个符号平均能够传送的最大信息量,定义为信道容量。信道容量的另一种常用的定义为单位时间信道能传送的最大信息量 C。若 x 的符号速率为 V_B(符号/s),则

$$C = V_B C = V_B \max I(X, Y) \tag{2.11}$$

一般情况下,信道容量的计算比较复杂,现以最简单的二元无记忆对称信道为例,计算信道容量。

已知信道的输入 $x \in (1, 0)$,输出 $y \in (1, 0)$,转移概率为 $p(y = 1/x = 0) = p(1/0) = u, p(y = 0/x = 1) = p(0/1) = u$,由此有 $p(0/0) = 1 - u, p(1/1) = 1 - u$。

可计算条件符号熵为

$$H(Y/X) = -u \log_2 u - (1 - u) \log_2 (1 - u) \tag{2.12}$$

由于信道的特性,此值与 $p(x_i)$ 的分布无关。信道容量

$$C = \max_{p(x_i)} H(Y) - H(Y/X) = \max_{p(x_i)} H(Y) + u\log_2 u + (1-u)\log_2(1-u)$$

根据最大熵定理,当 $p(y=1) = p(y=0) = \frac{1}{2}$ 时,$H(Y)$ 最大并且等于 1 b/符号,可得 $C = 1 + u\log_2 u + (1-u)\log_2(1-u)$,当 $u = 1/2$ 时,$C = 0$。

2. 连续信道的信道容量

在通信系统中,计算连续信道容量的公式为香农公式,即

$$C = B\log_2\left(1 + \frac{S}{n_0 B}\right) \tag{2.13}$$

式中　　S——信号的平均功率;

　　　　$n_0 B$——噪声的平均功率;

　　　　B——信道的带宽;

　　　　C——信道的容量;

　　　　$\frac{S}{n_0 B}$——信号功率与噪声功率之比,即信噪比。

由式(2.13)可知,当信号功率 $S \to \infty$ 时,信道容量 $C \to \infty$;而当信道带宽 $B \to \infty$,信道容量并不趋于无穷大,而是趋于一个定值。

设

$$C = \frac{S}{n_0} \cdot \frac{N_0 B}{S} \log_2\left(1 + \frac{S}{n_0 B}\right)$$

$$\lim_{B \to \infty} C = \lim_{B \to \infty}\left[\frac{n_0 B}{S} \log_2\left(1 + \frac{S}{n_0 B}\right)\right] \frac{S}{n_0}$$

考虑到数学公式

$$\lim_{x \to 0} \frac{1}{x} \log_2(1 + x) = \log_2 e \approx 1.44$$

则

$$\lim_{B \to \infty} C = 1.44 \frac{S}{n_0}$$

综上所述,香农公式可得出以下结论:

① 提高信号与噪声功率之比能增加信道容量。

② 当噪声功率 $N = n_0 B \to 0$ 时,信道容量 C 趋于无穷,这意味着无干扰信道容量为无穷大。

③ 增加信道带宽 B 并不能无限制地使信道容量增大。当噪声为高斯白噪声时,随着 B 增大,噪声功率 N 也增大,由此可见,即使信道带宽无限增大,信道容量仍然是有限的。

④ 信道容量一定时,带宽 W 与信噪比 S/N 之间可以彼此互换。香农公式虽然并未解决具体的实现方法,但它却在理论上阐明了这一互换关系的极限形式,指出努力的方向。

香农公式虽然给出了理论极限,但对如何达到或接近这一理论极限,并未给出具体的实现方案,这正是通信系统研究和设计者们所面临的任务。人们正是围绕着这一目标,开展了大量的研究,得到了各种数字信号表示方法和调制手段。

本章小结

信道是通信系统中的重要环节,它具有两大特点:① 它是不可缺少(用于传输信息);② 它是通信系统中噪声的主要来源。

按照传输媒质参数特点,信道可分为恒参信道和随参信道两种。

(1) 恒参信道是指传输参数恒定(或变化缓慢)的信道,它可以等效为线性时不变网络,从而可采用线性系统分析的方法进行分析。

(2) 随参信道是指传输参数随时间变化(且是随机变化)的信道。由于传输参数时变,从而导致传输信号振幅(由于衰落)时变,传输信号相位(由于时延)时变。一个等幅正弦波信号经由随参信道后,会变成为随机调幅、调相的随机信号,从而其包络衰落,频率弥散。

(3) 信道容量是信道得以无差错传输时的信息速率最大值。香农公式为:

$$C = B\log_2(1 + \frac{S}{N_0 B})$$

公式中信号为高斯分布,噪声为加性高斯白噪声。香农公式指出了理论极限的存在,虽未能指明实现路径(具体方式),但人们仍由它获益匪浅。

习　题

1. 什么是调制信道?什么是编码信道?
2. 什么是恒参信道?什么是随参信道?目前常见的信道中,哪些属于恒参信道?哪些属于随参信道?
3. 信号在恒参信道中传输时主要有哪些失真?如何才能减小这些失真?
4. 什么是群时延 – 频率特性?它与相位频率特性有何关系?
5. 随参信道的特点如何?为什么信号在随参信道中传输时会发生衰落现象?
6. 设一恒参信道的幅频特性和相频特性分别为

$$\begin{cases} |H(\omega)| = K_0 \\ \varphi(\omega) = -\omega t_d \end{cases}$$

其中, K_0 和 t_d 都是常数。

试确定信号 $s(t)$ 通过该信道后的输出信号的时域表示式,并讨论。

7. 设某恒参信道的幅频特性为

$$H(\omega) = [1 + \cos \omega T_0] e^{-j\omega t_d}$$

其中, t_d 为常数。

试确定信号 $s(t)$ 通过该信道后的输出信号表示式。

第 3 章

模拟调制系统

【学习目标】
掌握常规双边带调幅(AM)信号、抑制载波双边带调制(DSB)信号、单边带调制(SSB)信号与残留边带调制(VSB)信号的原理及抗噪声性能。掌握非线性调制的原理及抗噪声性能。

【知识要点】
1. 掌握幅度调制(线性调制)的原理及系统的抗噪声性能。
2. 掌握非线性调制(角度调制)的原理及抗噪声性能。
3. 了解预加重与去加重技术。

3.1 线性系统的调制与解调

3.1.1 调制的概念

调制就是用待传输的基带信号去改变载波信号的某一个(或几个)参数,使该参数按照基带信号的规律变化的过程。调制后的信号称为已调信号(或频带信号),它具有两个基本特性:一是携带消息,二是适合在通道中传输。相应的,从调制信号中恢复出基带信号的过程称为解调。根据载波参数的不同,调制分为振幅调制和角度调制。

3.1.2 振幅调制的基本原理

本节对振幅调制的作用原理进行分析,从而找出实现频谱线性搬移的一般方法。振幅调制是用需要传输的信号(基带信号)$u_\Omega(t)$去控制高频载波振荡信号的振幅,使其振幅随调制信号 $u_\Omega(t)$ 线性地变化。

在振幅调制中包括普通调幅波(AM)、抑制载波的双边带调制(DSB)、单边带调制(SSB)和残留边带调制(VSB)等,其中普通调幅波是基本,其他的调幅信号都由它演变而来。

3.1.3 普通调幅波的数学表达式及其频谱

1. AM 信号的时域表达式

设载波信号为

$$u_c(t) = U_{cm}\cos(\omega_c t + \theta_c) = U_{cm}\cos(2\pi f_c t + \theta_c) \tag{3.1}$$

式中　U_{cm}——载波信号的幅度；

　　　ω_c——载波信号的角频率；

　　　f_c——载波频率；

　　　θ_c——载波信号的初始相位。

$u_c(t)$ 波形如图 3.1(a) 所示。

令调制信号为 $u_\Omega(t)$，根据定义，调幅波的振幅与调制信号成正比，所以可得调幅波的振幅 U_m 的表达式为

$$U_m(t) = U_{cm} + k_a u_\Omega(t) \tag{3.2}$$

式中　k_a——调制电路决定的比例常数。

实现振幅调制后载波频率保持不变，由此可得调幅波表达式为

$$u_{AM}(t) = U_m(t)\cos\omega_c t = (U_{cm} + k_a u_\Omega(t))\cos(\omega_c t + \theta_c) \tag{3.3}$$

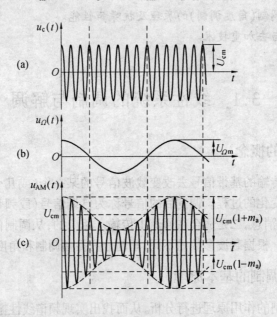

图 3.1　单频调制调幅波波形

2. 单频信号调制

当调制信号为单一频率的余弦波时，其波形如图 3.1(b) 所示，其数学表达式为

$$u_\Omega(t) = U_{\Omega m}\cos\Omega t = U_{\Omega m}\cos 2\pi F t \tag{3.4}$$

式中　Ω——调制信号角频率，$\Omega = 2\pi F$；

　　　F——调制信号频率，通常 $F \ll f_c$。

由式(3.3)、式(3.4) 可得
$$u_{AM}(t) = U_m(t)\cos \omega_c t = (U_{cm} + k_a u_\Omega(t))\cos(\omega_c t + \theta_c) =$$
$$U_{cm}(1 + m_a \cos \Omega t)\cos(\omega_c t + \theta_c) \tag{3.5}$$

式中
$$m_a = \frac{k_a U_{\Omega m}}{U_{cm}}$$

通常把调幅波振幅变化规律即 $U_{cm}(1 + m_a \cos \Omega t)$ 称为调幅波的包络。m_a 称为调幅系数(或调幅度),从图 3.1(c) 中可以看到,已调波的包络形状与调制信号一样,称为不失真调制。从调幅波的波形上看出包络的最大值 U_{mmax} 和最小值 U_{mmin} 分别为

$$U_{mmax} = U_{cm}(1 + m_a)$$
$$U_{mmin} = U_{cm}(1 - m_a)$$

故可得
$$m_a = \frac{U_{mmax} - U_{mmin}}{U_{mmax} + U_{mmin}} \tag{3.6}$$

由式(3.6)可见,不失真调制时 $m_a \leq 1$;当 $m_a > 1$ 时,已调波包络形状与调制信号不同,在一段时间内振幅为零,产生严重失真,这种情况称为过调幅。应避免这种情况的出现,为此通常要求 $m_a \leq 1$,实际应用系统中,一般取 m_a 为 30% ~ 60%。

为了分析方便,令载波的初相 $\theta_c = 0$,将式(3.5) 按三角函数关系展开,有
$$u_{AM}(t) = U_{cm}(1 + m_a \cos \Omega t)\cos \omega_c t =$$
$$U_{cm}\cos \omega_c t + \frac{1}{2} m_a U_{cm}\cos(\omega_c + \Omega) t + \frac{1}{2} m_a U_{cm}\cos(\omega_c - \Omega) t \tag{3.7}$$

由式(3.7)可见,载波信号经单频信号调制后由三个高频分量组成,其频谱图如图3.2所示,其角频率分别为 ω_c、$\omega_c + \Omega$、$\omega_c - \Omega$。其中 $\omega_c - \Omega$ 比载波信号频率 ω_c 低,称为下边频分量,相应的 $\omega_c + \Omega$ 称为上边频分量。从式中还可看出,调幅信号的载波不含任何有用的信息,传输的信息只包含在边频中。

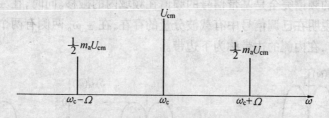

图 3.2　单频信号调制调幅波频谱

3. 多频率分量信号的调制

实际的通信系统中,需要传输的往往不是单一频率的余弦波,而是包含若干频率分量的信号,若调制信号的波形如图 3.3(a) 所示;调幅波的包络与调幅信号波形相同,相应的输出的调幅波形如图 3.3(b) 所示。

同样,为了分析简单,令比例常数 $k_a = 1$,$\theta_c = 0$,调制信号为 $f(t)$,其频谱为 $F(\omega)$,则调幅信号的时域表达式为

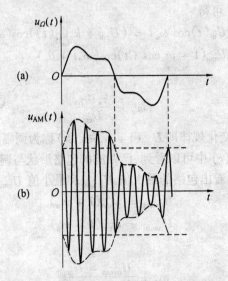

图3.3 复杂信号调制时调幅波波形

$$u_{AM}(t) = [U_{cm} + f(t)]\cos \omega_c t = U_{cm}\cos \omega_c t + f(t)\cos \omega_c t \qquad (3.8)$$

由傅里叶变换关系可得到以下傅里叶变换对:

$$f(t) \leftrightarrow F(\omega)$$

$$U_{cm}\cos \omega_c t \leftrightarrow \pi U_{cm}[\delta(\omega - \omega_c) + \delta(\omega + \omega_c)]$$

$$f(t)\cos \omega_c t \leftrightarrow \frac{1}{2}[F(\omega - \omega_c) + F(\omega + \omega_c)]$$

所以 $u_{AM}(t)$ 的频域表达式为

$$S_{AM}(\omega) = \pi U_{cm}[\delta(\omega - \omega_c) + \delta(\omega + \omega_c)] + \frac{1}{2}[F(\omega - \omega_c) + F(\omega + \omega_c)] \qquad (3.9)$$

调制信号的频谱如图3.4(a)所示,调制后的调幅波频谱如图3.4(b)所示。由频谱图可知,调幅信号的频谱完全是基带信号的频谱在频域内的搬移。同时,在 $\pm \omega_c$ 处有冲击函数(载波分量),说明在已调信号中有载波分量的存在;在 $\pm \omega_c$ 两侧有两个边带,在外侧的边带称为上边带,在内侧的边带称为下边带。

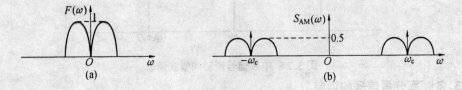

图3.4 调幅信号的频谱

从以上分析可知,在波形上,调制信号的幅度随基带信号变化而呈正比地变化;在频谱结构上,它的频谱完全是基带信号的频谱在频域内的搬移。这种搬移是线性的,因此,幅度调制通常又称为线性调制。线性调制器的一般模型如图3.5所示。它由一个相乘器和一个冲激响应为 $h(t)$ 的带通滤波器组成。该模型输出信号的时域和频域表达式分别为

第3章 模拟调制系统

$$s_m(t) = \int_{-\infty}^{+\infty} h(\tau)m(t-\tau)\cos(\omega_c t - \omega_c \tau)d\tau =$$

$$\cos\omega_c t \int_{-\infty}^{+\infty} h(\tau)m(t-\tau)\cos\omega_c\tau d\tau + \sin\omega_c t \int_{-\infty}^{+\infty} h(\tau)m(t-\tau)\sin\omega_c\tau d\tau$$

$$S_m(\omega) = 0.5[M(\omega-\omega_c) + M(\omega+\omega_c)]H(\omega)$$

式中 $H(\omega)$——$h(t)$ 的傅里叶变换。

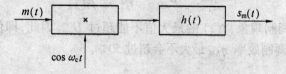

图 3.5 线性调制器的一般模型

该模型之所以称为调制器的一般模型,是因为该模型中,适当选择滤波器的冲激响应 $h(t)$,便可以得到各种线性调制信号。

【例 3.1】 设基带信号 $f(t) = A_0\cos\omega_0 t$,高频载波信号的表达式为

$$u_c(t) = A_c\cos\omega_c t$$

式中 A_0——振幅;
ω_0——基带信号的角频率;
ω_c——载波信号的角频率。

求调幅波信号的表达式及频谱。

解 由式(3.5)可得

$$u_{AM}(t) = A_c(1 + m_a\cos\omega_0 t)\cos\omega_c t$$

式中 $m_a = \dfrac{A_0}{A_c}$——调制系数。

$f(t)$ 的傅里叶变换为

$$F(\omega) = \pi A_0[\delta(\omega - \omega_0) + \delta(\omega + \omega_0)]$$

将上式代入式(3.9),得

$$S_{AM}(\omega) = \pi A_c[\delta(\omega-\omega_c) + \delta(\omega+\omega_c)] + \frac{1}{2}\pi A_0[F(\omega-\omega_c) + F(\omega+\omega_c)] =$$

$$\pi A_c[\delta(\omega-\omega_c) + \delta(\omega+\omega_c)] + \frac{1}{2}\pi A_0[\delta(\omega - \omega_c - \omega_0) +$$

$$\delta(\omega - \omega_c + \omega_0) + \delta(\omega + \omega_c - \omega_0) + \delta(\omega + \omega_c + \omega_0)]$$

4. 调幅波的功率

调幅波的总平均功率 $P_{AM}(t)$ 等于信号 $u_{AM}(t)$ 的均方值,即

$$P_{AM} = \overline{u_{AM}^2(t)} = \overline{U_{cm}^2\cos^2\omega_c t} + \overline{f^2(t)\cos^2\omega_c t} + \overline{2U_{cm}f(t)\cos^2\omega_c t} \quad (3.10)$$

由于 $\cos^2\omega_c t = \dfrac{1}{2}(1 + \cos 2\omega_c t)$,而 $\overline{\cos 2\omega_c t} = 0$,假设调制信号 $f(t)$ 不含直流分量,则 $\overline{f(t)} = 0$。为此可得

$$P_{AM} = \overline{u_{AM}^2(t)} = \frac{U_{cm}^2}{2} + \frac{\overline{f^2(t)}}{2} = P_c + P_f$$

式中　　P_c——载波功率，$P_c = \dfrac{U_{cm}^2}{2}$；

　　　　P_f——边带功率，$P_f = \dfrac{\overline{f^2(t)}}{2}$。

已调波的效率 η_{AM} 定义为边带功率与总平均功率的比，即

$$\eta_{AM} = \frac{P_f}{P_{AM}} = \frac{\overline{f^2(t)}}{U_{cm}^2 + \overline{f^2(t)}} \tag{3.11}$$

为了不产生过调制现象，$f(t)$ 的最大值不能超过 U_{cm}。因此，即使在 $f(t)$ 是幅度为 U_{cm} 的方波调制时，调制效率 η_{AM} 最大不会超过 50%。

3.1.4　双边带调制(DSB)

在普通调幅波中，载波本身并不携带有用消息，却占据了很大的一部分功率，这是普通调幅的最大缺点。如果将载波完全抑制掉，可以提高效率。只要在 AM 波中令 $U_{cm} = 0$ 即可达到，称为双边带调制(DSB)。

双边带信号的时间表示式为

$$s_{DSB}(t) = f(t)\cos \omega_c t \tag{3.12}$$

式中　　$f(t)$——调制信号，它是一个交流分量；

　　　　$\cos \omega_c t$——载波信号。

这两个信号相乘便可得到双边带信号(或称双边带抑制载波信号)。

对式(3.12)两边进行傅里叶变换，可得 DSB 信号的频谱为

$$S_{DSB}(\omega) \leftrightarrow \frac{1}{2}[F(\omega - \omega_c) + F(\omega + \omega_c)] \tag{3.13}$$

由于 DSB 的频谱中没有载波分量，所以

$$P_{DSB} = P_f = \overline{f^2(t)}/2 \tag{3.14}$$

从而使得效率达到 100%，即 $\eta_{DSB} = 1$。

产生双边带信号的网络常称为乘法器或称乘积调制器。乘积调制器的载波信号可以是 $\cos \omega_c t$，也可以是频率为 ω_c 的周期性方波。常用的乘积调制器有平衡调制器和环形调制器。双边带调制虽然效率高，但传输的带宽是基带带宽的两倍，通道利用率低。从前面对双边带的分析可知，双边带调制有上下两个边带，它们互相对称于载波。也就是说只要知道其中任何一个边带的幅度和相位，那么另一个边带的幅度和相位就可以由对称性求出。意味着信息进行传输时只要传输一个边带，在接收端就会有办法使其恢复出原来的信号。

3.1.5　单边带调制(SSB)

1. 单边带调制概述

我们称只产生一个边带的调制方式为单边带调制(SSB)。单边带信号的产生方法通常有滤波器法、移相法和混合法。

假设基带信号为 $f(t)$，频谱为 $F(\omega)$，单边带信号的频谱如图 3.6 所示。根据不同需要，单边带调制可以分为上单边带调制和下单边带调制。

第3章 模拟调制系统

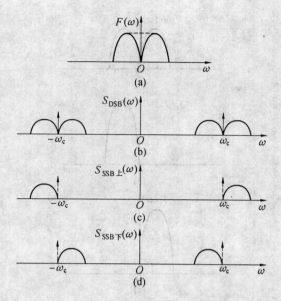

图 3.6 单边带信号频谱

2. 单边带信号的表达式

要描述一个单边带信号的时间表达式,不像双边带调制信号时间表达式那样简单,但可以应用解析信号的概念来得到它。

已经知道解析信号 $f_+(t)$ 为

$$f_+(t) = f(t) + j\hat{f}(t)$$

式中 $\hat{f}(t)$ ——$f(t)$ 的希尔伯特变换。

解析信号的频谱为

$$f_+(t) \leftrightarrow F_+(\omega) = \begin{cases} 2F(\omega) & (\omega > 0) \\ 0 & (\omega < 0) \end{cases} \tag{3.15}$$

解析信号复共轭的频谱为

$$f_-(t) \leftrightarrow F_-(\omega) = \begin{cases} 0 & (\omega > 0) \\ 2F(\omega) & (\omega < 0) \end{cases} \tag{3.16}$$

其频谱图如图 3.7 所示。

假定传输的是上单边带信号,则可以用以下方法来建立单边带信号的频谱:

① $f_+(t)e^{j\omega_c t}$ 的频谱相当于把 $F_+(\omega)$ 的频谱搬移到 ω_c 处。

② $f_-(t)e^{-j\omega_c t}$ 的频谱相当于把 $F_-(\omega)$ 的频谱搬移到 $-\omega_c$ 处。

③ 把上述两个信号的频谱相加,乘以 1/4,便可得到上单边带信号的频谱。乘以 1/4 是这样来确定的,假定单边带信号是由双边带信号通过单边带滤波器得到的,这时频谱幅度应是基带频谱幅度的一半,而解析信号的频谱幅度则是基带频谱幅度的两倍,所以要乘以 1/4。从而,可以得到上单边带信号的时域表达式为

$$S_{SSB上}(t) = \frac{1}{4}[f_+(t)e^{j\omega_c t} + f_-(t)e^{-j\omega_c t}] =$$

$$\frac{1}{4}\{[f(t) + j\hat{f}(t)]e^{j\omega_c t} + [f(t) - j\hat{f}(t)]e^{-j\omega_c t}\} =$$

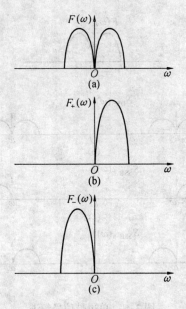

图 3.7 解析信号频谱

$$\frac{1}{4}\{f(t)[e^{j\omega_c t} + e^{-j\omega_c t}] + j\hat{f}(t)[e^{j\omega_c t} - e^{-j\omega_c t}]\} =$$
$$\frac{1}{2}[f(t)\cos\omega_c t - \hat{f}(t)\sin\omega_c t] \tag{3.17}$$

用同样的方法求得下单边带信号的时域表达式为

$$S_{SSB下}(t) = \frac{1}{2}[f(t)\cos\omega_c t + \hat{f}(t)\sin\omega_c t] \tag{3.18}$$

3.1.6 残留边带调制(VSB)

1. 残留边带调制概述

残留边带调制是介于双边带和单边带之间的一种线性调制。它既克服了双边带已调信号占用频带宽的缺点,又解决了单边带信号实现上的难题。在这种调制中,一个边带几乎完全通过,而另一个边带只有少量通过(或称残留),并且要求传输不需要边带的残留分量等于需要传输边带分量中失去的那一部分,这就要求残留边带滤波器在载频处具有奇对称性。

2. 残留边带滤波器的特性

假设 $H(\omega)$ 是所需的残留边带滤波器的传输特性。根据图3.5所示的线性调制器的一般模型,可以得到残留边带信号的频域表达式为

$$S_m(\omega) = 0.5[M(\omega - \omega_c) + M(\omega + \omega_c)]H(\omega) \tag{3.19}$$

现在分析式(3.19)中残留边带滤波器传输特性 $H(\omega)$ 应满足的条件。首先分析接收端是如何从该信号中恢复出基带信号的。假设是以同步解调法进行解调的,同步解调法的组成框图如图3.8所示。此时,图中相乘器的输出信号应为残留边带信号 $s_m(t)$ 与同步载波 $s(t)$ 的乘积。为此,该乘积信号的频谱应等于 $s_m(t)$ 的频谱与 $s(t)$ 频谱的卷积,即

$$\frac{1}{2\pi}[S_m(\omega) * S(\omega)] \tag{3.20}$$

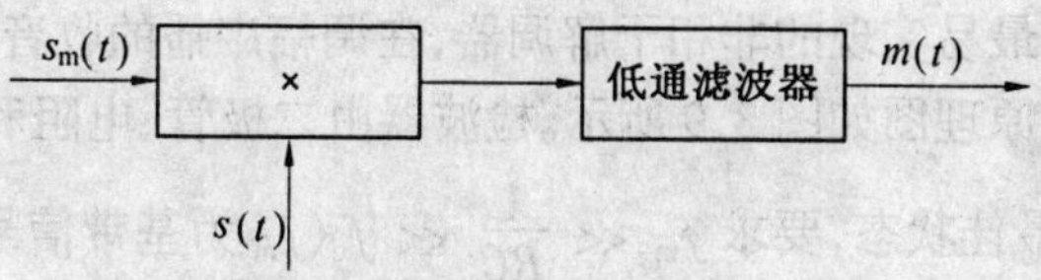

```
s_m(t) ──→[ × ]──→[低通滤波器]──→ m(t)
            ↑
          s(t)
```

图 3.8 同步解调法的组成框图

令同步载波 $s(t) = \cos \omega_c t$，则其频谱为

$$S(\omega) = \pi[\delta(\omega + \omega_c) + \delta(\omega - \omega_c)] \tag{3.21}$$

将式(3.21)代入式(3.20)可得

$$\frac{1}{2\pi}[S_m(\omega) * S(\omega)] = \frac{1}{2}[S_m(\omega + \omega_c) + S_m(\omega - \omega_c)] \tag{3.22}$$

由式(3.19)可得

$$\begin{cases} S_m(\omega + \omega_c) = 0.5[M(\omega) + M(\omega + 2\omega_c)]H(\omega + \omega_c) \\ S_m(\omega - \omega_c) = 0.5[M(\omega) + M(\omega - 2\omega_c)]H(\omega - \omega_c) \end{cases} \tag{3.23}$$

将式(3.23)代入式(3.22)有

$$\frac{1}{2\pi}[S_m(\omega) * S(\omega)] = \frac{1}{4}[M(\omega + 2\omega_c) + M(\omega)]H(\omega + \omega_c) +$$

$$\frac{1}{4}[M(\omega) + M(\omega - 2\omega_c)]H(\omega - \omega_c) \tag{3.24}$$

式中，$M(\omega + 2\omega_c)$ 与 $M(\omega - 2\omega_c)$ 是由 $M(\omega)$ 搬移得到的，可由解调器中的低通滤波器滤除。为此，可得到低通滤波器的输出频谱为

$$S'(\omega) = \frac{1}{4}M(\omega)[H(\omega + \omega_c) + H(\omega - \omega_c)] \tag{3.25}$$

从式(3.25)中可以看出，要想得到 $M(\omega)$，式(3.25)中的 $H(\omega + \omega_c) + H(\omega - \omega_c)$ 必须为常数。

因为当 $|\omega|$ 大于基带信号的截止角频率时，$M(\omega) = 0$，所以只要当 $|\omega|$ 小于基带信号的截止频率时，满足 $H(\omega + \omega_c) + H(\omega - \omega_c)$ 为常数，即可求得基带信号的频谱 $M(\omega)$，相应的，即可求得基带信号。这就是残留边带滤波器必须遵循的条件。

3.1.7 解 调

信号解调的目的是从已调波中恢复出原来的基带信号，解调方法有两种，一种是相干解调，另一种是非相干解调。

相干解调是在接收端已调信号与本地参考载波信号相乘(这里要求本地参考信号的频率、相位与已调信号的载波完全相同)，把频谱搬回到原来的位置上，然后再通过低通滤波器恢复出基带信号。这种解调又称为同步解调。

非相干解调是在接收端解调已调信号时不需要本地参考载波，而是利用已调信号中的包络的信息来恢复出基带信号。

对于相干解调，在上节残留边带滤波器的特性中已有所介绍，此处不再赘述。下面主要以 AM 信号为例,简要介绍一下非相干解调。

常规调幅信号一般采用非相干解调。解调器有包络检波器、平方律检波器等,其中,包络检波器是最常用、最易实现的非相干解调器,在调幅广播的收音机中包络检波器被广泛应用。包络检波器的原理图如图 3.9 所示。检波器由二极管、电阻和电容滤波器组成。为使包络检波器工作在最佳状态,要求 $f_m \ll \dfrac{1}{RC} \ll f_c$($f_m$ 为基带信号的最高频率,f_c 为载波信号的频率)。

在 R、C 满足上述条件下,检波器的输出可近似为

$$s_d(t) \approx A_0 + f(t) \tag{3.26}$$

式中　A_0——输入基带信号 $f(t)$ 叠加的直流。

检波后的信号经过低通滤波器,滤除直流和高频分量,就可得到调制信号 $f(t)$。

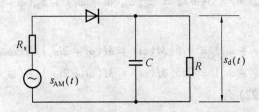

图 3.9　包络检波器的原理图

包络检波器通常只适用于含有载波分量的常规调幅信号。虽然载波分量不包含所要传输的信息,但是由于载波信号的存在,在解调时才可以采用包络检波,而且解调后的信号幅度比相干解调的幅度大一倍。当然,为了简化载波分量的获得,可以在发送端发送调幅信号的同时发送一个独立的载波信号。

3.2　线性调制系统的信噪比

前面讨论各种传输方式时,都没有考虑噪声的影响,但实际上,在任何通信系统中,噪声都是无法避免的,这里指的是加性噪声,即高斯型的白噪声。分析噪声对接收性能的影响、比较不同传输方式通信系统的噪声性能,是通信系统的一项重要研究内容。

由于噪声只对通信系统的接收端产生影响,所以调制系统的抗噪声性能,主要由解调器的抗噪声性能来衡量。

分析解调器抗噪声性能的模型如图 3.10 所示。图中 $s(t)$ 为已调信号,$n(t)$ 为传输过程中叠加的高斯白噪声。$s_i(t)$、$n_i(t)$ 分别为 $s(t)$、$n(t)$ 经过带通滤波器到达调制器输入端的信号和噪声。图中带通滤波器主要的作用是选频和滤除带外噪声。实际上滤波器输出的信号 $s_i(t)$ 就是输入的信号 $s(t)$,然而滤波器输出的噪声 $n_i(t)$ 与输入的噪声 $n(t)$ 是不相同的,虽然输入的噪声与输出的噪声都是高斯分布的,但它们的功率谱分布范围不同,$n(t)$ 是白噪声,$n_i(t)$ 是窄带噪声(称为高斯窄带噪声)。

假设带通滤波器的中心频率为 ω_0,则窄带高斯噪声的表达式为

$$n_i(t) = V(t)\cos[\omega_0 t + \theta(t)] \tag{3.27}$$

第 3 章 模拟调制系统

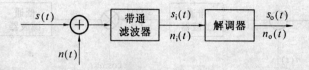

图 3.10 解调方框图

将式(3.27)进一步展开分解得

$$n_i(t) = V(t)\cos[\omega_0 t + \theta(t)] =$$
$$V(t)\cos\omega_0 t\cos\theta(t) - V(t)\sin\omega_0 t\sin\theta(t) =$$
$$n_{iI}(t)\cos\omega_0 t - n_{iQ}(t)\sin\omega_0 t \tag{3.28}$$

式中 $n_{iI}(t)$——同相分量,$n_{iI}(t) = V(t)\cos\theta(t)$;

$n_{iQ}(t)$——正交分量,$n_{iQ}(t) = V(t)\sin\theta(t)$。

我们知道,窄带噪声 $n_i(t)$ 及其同相分量、正交分量都是均值为 0 的随机过程,并且它们的方差相同,即平均功率相等。从而有

$$\overline{n_i(t)} = \overline{n_{iI}(t)} = \overline{n_{iQ}(t)}$$

$$E[n_i^2(t)] = E[n_{iI}^2(t)] = E[n_{iQ}^2(t)] = N_i = n_0 B \tag{3.29}$$

式中 N_i——窄带噪声功率;

n_0——噪声单边功率谱密度;

B——滤波器带宽。

为了使已调信号能无失真地进入解调器,而同时最大限度地抑制噪声,B 应等于已调信号的频带宽度。

对模拟通信系统来说,解调器的抗噪声性能主要用"信噪比"来衡量,信噪比指的是信号和噪声的平均功率之比。对于同一种调制系统所采用的不同的解调方法,比较它们的抗噪声性能通常采用信噪比增益来表示,即

$$G = \frac{S_o/N_o}{S_i/N_i} \tag{3.30}$$

式中 S_i/N_i——解调器输入信噪比;

S_o/N_o——解调器输出信噪比。

如果信噪比的增益越高,则解调器的抗噪声性能越好。当然,比较不同系统的抗噪声性能时,只有在相同的输入功率条件下,比较信噪比增益才能说明系统的抗噪声性能。现在分别讨论不同调制系统的抗噪声性能。

3.2.1 双边带调制系统相干解调的抗噪声性能

线性调制系统相干解调方框图如图 3.11 所示。

由图 3.11 可知,相干解调器的输入端(即乘法器的输入端)加有信号和噪声

$$s_i(t) + n_i(t) = s(t) + n_{iI}(t)\cos\omega_c t - n_{iQ}(t)\sin\omega_c t \tag{3.31}$$

由于双边带调制系统的解调器为同步解调器,即由相乘器和低通滤波器构成,故在解调过程中,输入信号及噪声可以分别单独解调。

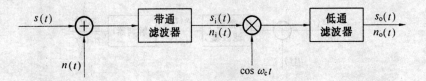

图 3.11 线性调制系统相干解调方框图

令输入信号 $s(t) = m(t)\cos\omega_c t$,则其平均功率为

$$S_i = \overline{s^2(t)} = \overline{[m(t)\cos\omega_c t]^2} = 0.5\overline{m^2(t)} \qquad (3.32)$$

若解调器的相干载波为 $\cos\omega_c t$,则解调器输出端的信号可以写为

$$s_o(t) = 0.5m(t)$$

可得输出端有用信号功率为

$$S_o = \overline{s_o^2(t)} = \overline{[0.5m(t)]^2} = \frac{1}{4}\overline{m^2(t)} \qquad (3.33)$$

为了计算出解调器输出端的噪声平均功率,先求出同步解调的相乘器输出的噪声,即

$$n_i(t)\cos\omega_c t = [n_{iI}(t)\cos\omega_c t - n_{iQ}(t)\sin\omega_c t]\cos\omega_c t =$$
$$0.5n_{iI}(t) + 0.5[n_{iI}(t)\cos 2\omega_c t - n_{iQ}\sin 2\omega_c t] \qquad (3.34)$$

式中,$n_{iI}(t)\cos 2\omega_c t$、$n_{iQ}\sin 2\omega_c t$ 分别表示 $n_{iI}(t)$、$n_{iQ}(t)$ 调制到 $2\omega_c$ 载波上的波形,它们将被解调器的低通滤波器滤除掉,为此,解调器最终输出的噪声为

$$n_o(t) = 0.5n_{iI}(t)$$

从而解调器输出的噪声功率为

$$N_o = \overline{n_o^2(t)} = \frac{1}{4}\overline{n_{iI}^2(t)} = \frac{1}{4}\overline{n_i^2(t)} = \frac{1}{4}N_i \qquad (3.35)$$

为此有解调器的输入信噪比和输出信噪比分别为

$$\frac{S_i}{N_i} = \frac{0.5\overline{m^2(t)}}{N_i} = \frac{0.5\overline{m^2(t)}}{n_0 B} \qquad (3.36)$$

$$\frac{S_o}{N_o} = \frac{\frac{1}{4}\overline{m^2(t)}}{\frac{1}{4}N_i} = \frac{\overline{m^2(t)}}{n_0 B} \qquad (3.37)$$

由式(3.36)和式(3.37)得

$$G = \frac{\frac{S_o}{N_o}}{\frac{S_i}{N_i}} = 2$$

由此可见,对双边带调制系统来说,解调器输出端的信噪比是输入端信噪比的两倍,说明双边带调制系统的解调器使信噪比改善了一倍。其原因是双边带信号只有同相分量,而没有正交分量,带通噪声不但有同相分量,而且有正交分量,经相干解调后,正交分量被抑制,使得解调器输出端噪声功率降低了一半。

3.2.2 单边带调制相干解调

单边带信号的带宽是双边带信号带宽的一半,所以单边带带通滤波器的带宽是双边带带通滤波器带宽的一半。由于单边带信号的解调器与双边带的相同,故计算单边带调制器输入与输出信噪比的方法也相同,由式(3.35)可得单边带信号解调器的输入与输出噪声的功率为

$$N_o = \frac{1}{4}N_i = \frac{1}{4}n_0 B$$

相干解调器的输入端的信号为单边带信号,即

$$s_i(t) = 0.5m(t)\cos \omega_c t \mp 0.5\hat{m}(t)\sin \omega_c t \tag{3.38}$$

式中,取"-"为上边带信号;取"+"为下边带信号。

以上单边带信号为例,计算解调器输入、输出端的信号功率。单边带解调器输入信号的功率为

$$S_{i\pm} = \overline{s_i^2(t)} = \overline{\frac{1}{4}[0.5m(t)\cos \omega_c t - 0.5\hat{m}(t)\sin \omega_c t]^2} =$$

$$\overline{\frac{m^2(t)}{8}} + \overline{\frac{[\hat{m}(t)]^2}{8}} - \frac{1}{4}\overline{m(t)\hat{m}(t)\sin 2\omega_c t} \tag{3.39}$$

$m(t)$ 为基带信号,故同样有 $\hat{m}(t)$ 也是基带信号。为此,$m(t)\hat{m}(t)$ 随时间的变化,相对于以 $2\omega_c$ 为载频的载波的变化十分缓慢。所以有

$$\overline{m(t)\hat{m}(t)\sin 2\omega_c t} = \lim_{T\to\infty}\frac{1}{T}\int_{-\frac{T}{2}}^{\frac{T}{2}} m(t)\hat{m}(t)\sin 2\omega_c t = 0 \tag{3.40}$$

则有

$$S_{i\pm} = \overline{\frac{m^2(t)}{8}} + \overline{\frac{[\hat{m}(t)]^2}{8}}$$

又因为 $m(t)$ 与 $\hat{m}(t)$ 的功率谱密度及平均功率相同,所以有

$$\overline{\frac{m^2(t)}{8}} = \overline{\frac{[\hat{m}(t)]^2}{8}}$$

从而有

$$S_{i\pm} = \overline{\frac{m^2(t)}{4}}$$

又解调器输出信号 $s_o(t) = \frac{1}{4}m(t)$,所以其功率为

$$S_o = \frac{1}{16}\overline{m^2(t)}$$

于是,单边带解调器输入、输出信噪比分别为

$$\frac{S_{i\pm}}{N_i} = \frac{\overline{\frac{m^2(t)}{4}}}{n_0 B} \tag{3.41}$$

$$\frac{S_o}{N_o} = \frac{\frac{1}{16}\overline{m^2(t)}}{\frac{1}{4}n_0 B} \tag{3.42}$$

所以信噪比增益为

通信原理

$$G = \frac{\frac{S_o}{N_o}}{\frac{S_i}{N_i}} = 1$$

由上式可知,单边带信号通过相干解调后,信噪比并无改善。原因是信号和噪声都有同相分量和正交分量,相干解调后,正交分量都被抑制掉,所以它们的平均功率也同时减少一半,结果导致了输出信噪比不变。

从上述两种调制系统信噪比增益来看,表面上看似乎是双边带调制系统抗噪声性能优于单边带调制系统。实际上并非如此,因为信噪比增益仅仅适用于同类调制系统作为衡量不同解调器的抗噪声性能,而不能用做不同调制系统抗噪声性能的比较。因此不能说双边带噪声性能比单边带系统噪声性能好。实际上,在同样的输入信号功率的条件下,它们的解调器的输出端信噪比是一样的。这是因为在同样输入信号功率的条件下,单边带调制的输入信噪比要比双边带调制高一倍,而双边带调制的信噪比增益要比单边带调制高一倍,结果输出端信噪比是一样的,为此,从抗噪声的观点看,单边带的解调性能与双边带的性能是一样的。

3.2.3 AM调制系统非相干解调的噪声性能

AM信号最常用的非相干解调方法是包络检波。考虑噪声影响的包络检波的模型如图3.12所示。

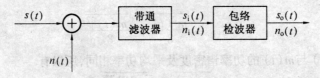

图 3.12 考虑噪声影响的包络检波

设包络检波器输入信号为

$$s_i(t) = [A_0 + m(t)]\cos(\omega_c t + \theta_0) \tag{3.43}$$

则其功率为

$$S_i = [A_0^2 + \overline{m^2(t)}]/2$$

输入的噪声功率 N_i 为

$$N_i = \overline{n_i^2(t)} = n_0 B$$

则输入信噪比为

$$\frac{S_i}{N_i} = \frac{[A_0^2 + \overline{m^2(t)}]/2}{n_0 B} \tag{3.44}$$

输出信号的功率和输出噪声功率取决于包络检波器的回应。包络检波器对输入信号和噪声混合波形的包络起作用,所以要求解调器的输出,必须先求 $s_i(t) + n_i(t)$ 的合成包络。

由前面的介绍可知,对于窄带高斯白噪声有

$$n_i(t) = n_{iI}(t)\cos\omega_0 t - n_{iQ}(t)\sin\omega_0 t \tag{3.45}$$

为了分析简单,令 $\theta_0 = 0$,则包络检波器输入信号与噪声之和为

$$s_i(t) + n_i(t) = [A_0 + m(t) + n_{iI}(t)]\cos\omega_0 t - n_{iQ}(t)\sin\omega_0 t = A(t)\cos[\omega_0 t + \theta(t)] \tag{3.46}$$

式中，包络 $A(t)$ 便是所要求的合成包络，且 $A(t) = \sqrt{[A_0 + m(t) + n_{iI}(t)]^2 + n_{iQ}^2(t)}$，相角 $\theta(t) = \arctan\left[\dfrac{n_{iQ}(t)}{A_0 + m(t) + n_{iI}(t)}\right]$。

从 $A(t)$ 的表达式中可以看出，$A(t)$ 中的信号与噪声存在着非线性关系。为此，在分析检波器的输出信号和噪声时会有一定的难度。为使分析简明，下面分成两种情况来讨论。

1. 大信噪比情况

大信噪比情况是指输入信号幅度远大于噪声幅度的情况，即
$$A_0 + m(t) \gg n_i(t)$$
故有 $A_0 + m(t) \gg n_{iI}(t)$，$A_0 + m(t) \gg n_{iQ}(t)$。于是有

$$A(t) = \sqrt{[A_0 + m(t) + n_{iI}(t)]^2 + n_{iQ}^2(t)} \approx$$
$$\sqrt{[A_0 + m(t)]^2 + n_{iI}^2(t) + 2[A_0 + m(t)]n_{iI}(t)} \approx$$
$$[A_0 + m(t)]\left[1 + \dfrac{2n_{iI}(t)}{A_0 + m(t)}\right]^{\frac{1}{2}} \approx$$
$$A_0 + m(t) + n_{iI}(t) \tag{3.47}$$

由式(3.47)可知，包络检波器输出的有用信号是 $m(t)$，输出的噪声是 $n_{iI}(t)$，所以包络检波器输出的信号和噪声功率分别为

$$S_o = \overline{m^2(t)} \tag{3.48}$$
$$N_o = \overline{n_{iI}^2(t)} = n_0 B \tag{3.49}$$

由式(3.48)和式(3.49)得包络检波器输出的信噪比为

$$\dfrac{S_o}{N_o} = \dfrac{\overline{m^2(t)}}{n_0 B} \tag{3.50}$$

由式(3.44)和式(3.50)求得信噪比增益为

$$G = \dfrac{\dfrac{S_o}{N_o}}{\dfrac{S_i}{N_i}} = \dfrac{2\overline{m^2(t)}}{A_0^2 + \overline{m^2(t)}} \tag{3.51}$$

2. 小信噪比情况

小信噪比情况是指输入信号幅度远小于噪声幅度的情况，即
$$A_0 + m(t) \ll n_i(t)$$
同样的有 $A_0 + m(t) \ll n_{iI}(t)$，$A_0 + m(t) \ll n_{iQ}(t)$。于是有

$$A(t) = \sqrt{[A_0 + m(t) + n_{iI}(t)]^2 + n_{iQ}^2(t)} \approx$$
$$\sqrt{n_{iI}^2(t) + n_{iQ}^2(t) + 2n_{iI}(t)[A_0 + m(t)]} =$$
$$\sqrt{n_{iI}^2(t) + n_{iQ}^2(t) + \left\{1 + \dfrac{2n_{iI}(t)[A_0 + m(t)]}{n_{iI}^2(t) + n_{iQ}^2(t)}\right\}} =$$

$$\sqrt{n_{iI}^2(t)+n_{iQ}^2(t)}\sqrt{1+\frac{2[A_0+m(t)]}{n_{iI}^2(t)+n_{iQ}^2(t)}n_{iI}(t)} \approx$$
$$\sqrt{n_{iI}^2(t)+n_{iQ}^2(t)}+[A_0+m(t)]\frac{n_{iI}(t)}{\sqrt{n_{iI}^2(t)+n_{iQ}^2(t)}} \tag{3.52}$$

式(3.52)中不包含单独的信号项,即说明在小信噪比的情况下,包络检波器会把有用信号扰乱成噪声。

3. 门限效应

以上分析了大输入信噪比和小输入信噪比时包络检波器的噪声性能,可以看出大信噪比时,包络检波器可以很好地实现解调;小信噪比时,包络检波器不能实现解调。可以发现存在一个临界的输入信噪比值,当输入信噪比大于此临界值时包络检波器可以正常解调,当小于这个临界值时,不能正常解调。称这个临界的输入信噪比为门限值。而把包络检波器存在门限值这一现象称为门限效应。门限效应是所有的非相干解调器都存在的一种特性。为此,在噪声较大的条件下通常不采用非相干解调。

3.3 非线性调制原理

前面介绍了线性调制,了解到线性调制是用基带信号改变载波的幅度,以实现调制信号频谱的线性搬移。而本节要介绍的非线性调制所形成的频谱不再保持基带信号的频谱结构,也就是说,已调信号的频谱与基带信号频谱之间是非线性关系。非线性调制分为频率调制(FM)和相位调制(PM),两者统称为角调制。

3.3.1 角调制的基本原理

角度调制信号可以定义为具有固定不变的振幅和瞬时相角的正弦波,它的一般表达式为
$$s(t) = A\cos[\omega_c t + \varphi(t)] \tag{3.53}$$

式中　　A——载波的振幅(固定不变);

$\omega_c t + \varphi(t)$——信号的瞬时相位;

$\varphi(t)$——瞬时相位的偏移。

由频率与相位的关系可知,信号的瞬时频率为
$$\omega(t) = d[\omega_c t + \varphi(t)]/dt$$

式中　　$d\varphi(t)/dt$——瞬时频率偏移。

在式(3.53)中,如果幅度 A 与角频率 ω_c 保持不变,而瞬时相位偏移 $\varphi(t)$ 是调制信号 $f(t)$ 的线性函数,称这种调制方式为相位调制。从而瞬时相位偏移与调制信号的关系可表示为
$$\varphi(t) = K_{PM}f(t) \tag{3.54}$$

式中　　K_{PM}——调相器灵敏度,$rad \cdot V^{-1}$,它取决于具体电路,它的物理含义是调制信号的单位元幅度引起的调相信号瞬时相位的偏移量。

于是调相波可表示为

$$s_{PM}(t) = A\cos[\omega_c t + K_{PM}f(t)] \tag{3.55}$$

则其瞬时角频率为

$$\omega(t) = d[\omega_c t + K_{PM}f(t)]/dt = \omega_c + K_{PM}\frac{df(t)}{dt}$$

在式(3.53)中，如果幅度 A 保持不变，而瞬时角频率偏移 $d\varphi(t)/dt$ 是调制信号 $f(t)$ 的线性函数，称这种调制方式为频率调制。从而瞬时频率偏移与调制信号的关系可表示为

$$d\varphi(t)/dt = K_{FM}f(t)$$

式中 K_{FM}——频偏常数，$rad \cdot V^{-1} \cdot s^{-1}$，它的物理含义是调制信号的单位元幅度引起的调频信号角频率的偏移量。则此时瞬时角频率为

$$\omega(t) = \omega_c + K_{FM}f(t) \tag{3.56}$$

同样由频率与相位的关系可知瞬时相位为

$$\theta(t) = \int \omega(t)dt = \omega_c t + K_{FM}\int f(t)dt \tag{3.57}$$

于是调频波的表达式为

$$s_{FM}(t) = A\cos[\omega_c t + K_{FM}\int f(t)dt] \tag{3.58}$$

从调相信号与调频信号的表达式可以看出，调相信号与调频信号的区别在于，调相信号的相位偏移是随调制信号线性变化的，而调频信号的相位偏移是随调制信号的积分呈线性变化的，所以如果预先不了解调制信号的具体形式，要分辨出已调信号是调相信号还是调频信号是很难的。下面以单频信号的调制为例进行说明。

令调制信号为单频余弦波，其表示式为

$$f(t) = A_m \cos\omega_m t$$

用其对载波进行调相，可得调相信号为

$$s_{PM}(t) = A\cos[\omega_c t + K_{PM}A_m\cos\omega_m t] = A\cos[\omega_c t + \beta_{PM}\cos\omega_m t]$$

式中 β_{PM}——调相指数，$\beta_{PM} = K_{PM}A_m$。

同样的，如果用该单频信号对载波进行调频，则可得调频信号的表达式为

$$s_{FM}(t) = A\cos[\omega_c t + K_{FM}\int A_m\cos\omega_m t dt] =$$
$$A\cos[\omega_c t + \frac{K_{FM}A_m}{\omega_m}\sin\omega_m t] =$$
$$A\cos[\omega_c t + \frac{K_{FM}A_m}{\omega_m}\sin\omega_m t]$$

式中 β_{FM}——调频指数，$\beta_{FM} = \frac{K_{FM}A_m}{\omega_m}$。

从以上对调相和调频的介绍可以看出，调频波和调相波有着密切的关系，比较式(3.55)和式(3.58)可以发现，如果令 $m(t) = \int f(t)dt$ 作为调制信号代入式(3.58)，则可得到信号 $m(t)$ 的调相波，这种调相方式称为间接调相(见图 3.13(a))；同样，如果令

$m_1(t) = \dfrac{\mathrm{d}f(t)}{\mathrm{d}t}$ 作为调制信号代入式(3.55),则可得到信号 $m_1(t)$ 的调频波,这种调频方式称为间接调频(见图 3.13(b))。

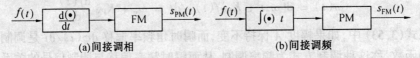

(a)间接调相　　　　　　　　　(b)间接调频

图 3.13　间接调制

可以得出结论:虽然 PM 和 FM 是调角信号的不同形式,但它们的本质是相同的。它们的相同之处是:瞬时频率和瞬时相位都同时随时间发生变化,载波振幅不发生变化;不同之处是:按调制信号规律线性变化的物理量不同。对于调频信号,按调制信号规律线性变化的是瞬时角频率偏移;对于调相信号,按调制信号规律线性变化的是瞬时相位偏移。

【例 3.2】　已知调制信号 $f(t) = 4\cos(2\pi \times 10^4 t)$,调角信号表达式为 $s(t) = 20\cos[2\pi \times 10^7 t + 5\sin(2\pi \times 10^4 t)]$,试分析该调角信号是调频信号还是调相信号。

解　由调角信号的表达式知调制信号的瞬时相位表达式为

$$\omega_c t + \varphi(t) = 2\pi \times 10^7 t + 5\sin(2\pi \times 10^4 t)$$

则瞬时频率为

$$\omega(t) = \mathrm{d}[\omega_c t + \varphi(t)]/\mathrm{d}t = 2\pi \times 10^7 + 2\pi \times 5 \times 10^4 \cos(2\pi \times 10^4 t)$$

可见,调角信号的瞬时角频率偏移 $\mathrm{d}\varphi(t)/\mathrm{d}t = 2\pi \times 5 \times 10^4 \cos(2\pi \times 10^4 t)$ 与调制信号 $f(t)$ 的变化规律相同,故可判断出该调角信号为调频信号。

3.3.2　窄带角调制

角调制信号的带宽由相位偏移的大小决定,根据调制前后信号带宽的相对变化,角调制分为窄带和宽带。如果相位偏移满足 $\left| K_{FM}\int f(t)\mathrm{d}t \right|_{\max} \ll 30°$(或 $\left| K_{PM}f(t) \right|_{\max} \ll 30°$),此时它的调频波(或调相波)的频谱仅占比较窄的频带宽度,为此称为窄带调频(或窄带调相)。如果不满足以上条件,即调制信号对载波进行调制时产生的相位偏移较大,此时,已调信号在传输时占用的频带宽度较宽,这种调制称为宽带调制。下面重点介绍一下窄带调制的相关知识。

1. 窄带调频的时域及频域表达式

调频波的时域表达式为

$$s_{FM}(t) = A\cos\left[\omega_c t + K_{FM}\int f(t)\mathrm{d}t\right] = \\ A\left\{\cos \omega_c t \cos\left[K_{FM}\int f(t)\mathrm{d}t\right] - \sin \omega_c t \sin\left[K_{FM}\int f(t)\mathrm{d}t\right]\right\} \quad (3.59)$$

当 $\left| K_{FM}\int f(t)\mathrm{d}t \right|_{\max} \ll 30°$ 时,有

$$\cos\left[K_{FM}\int f(t)\mathrm{d}t\right] \approx 1$$

$$\sin\left[K_{FM}\int f(t)\mathrm{d}t\right] \approx K_{FM}\int f(t)\mathrm{d}t$$

则式(3.59)可简化为

$$s_{FM}(t) = A\cos\omega_c t - A\left[K_{FM}\int f(t)dt\right]\sin\omega_c t \qquad (3.60)$$

式(3.60)即为窄带调频的时间表达式。

对式(3.60)求傅里叶变换,得

$$s_{FM}(\omega) = A\pi[\delta(\omega+\omega_c) + \delta(\omega-\omega_c)] + \frac{AK_{FM}}{2}\left[\frac{F(\omega-\omega_c)}{\omega-\omega_c} - \frac{F(\omega+\omega_c)}{\omega+\omega_c}\right] \qquad (3.61)$$

式中 $F(\omega)$——$f(t)$ 的傅里叶变换。

式(3.61)即为窄带调频的频域表达式。

从频域表达式中可以看出,窄带调频信号的频谱和单频信号调幅信号的频谱很相似,即在 $\pm\omega_c$ 处都有载波分量,在 $\pm\omega_c$ 两侧都有围绕着载频的两个边带。只是窄带调频信号的边带有 $\frac{1}{\omega-\omega_c}$ 和 $\frac{1}{\omega+\omega_c}$ 因子的衰减,它的频谱在负频域内倒置180°。

2. 窄带调相的时域及频域表达式

调相波的时域表达式为

$$s_{PM}(t) = A\cos[\omega_c t + K_{PM}f(t)] =$$
$$A\cos\omega_c t\cos[K_{PM}f(t)] - A\sin\omega_c t\sin[K_{PM}f(t)] \qquad (3.62)$$

当 $|K_{PM}f(t)dt|_{max} \ll 30°$ 时,有

$$\cos[K_{FM}f(t)dt] \approx 1$$
$$\sin[K_{PM}f(t)] \approx K_{PM}f(t)$$

则简化式(3.62),有

$$s_{PM}(t) = A\cos\omega_c t\cos[K_{PM}f(t)] - A\sin\omega_c t\sin[K_{PM}f(t)] \approx$$
$$A\cos\omega_c t - AK_{PM}f(t)\sin\omega_c t \qquad (3.63)$$

对式(3.63)求傅里叶变换,得

$$s_{PM}(\omega) = A\pi[\delta(\omega+\omega_c) + \delta(\omega-\omega_c)] + \frac{jAK_{FM}}{2}[F(\omega-\omega_c) - F(\omega+\omega_c)] \qquad (3.64)$$

3.4 非线性调制抗噪声性能

非线性系统的抗噪声性能的分析与线性系统抗噪声性能的分析类似,先根据解调方法建立模型,然后分别计算解调前后的信噪比,进而计算出信噪比增益来反映出系统的抗噪声性能。

调频信号有相干解调和非相干解调两种解调方式,下面分别讨论它们的抗噪声性能。

3.4.1 相干解调的抗噪声性能

窄带调频信号采用相干解调法,这是因为窄带调频信号的时域表达式经过简化,可分解为同相分量和正交分量。应用相干解调,只需提供一个参考载波,便可从已调波中解调出基带信号。窄带调频波相干解调的模型如图3.14所示。

图中,带通滤波器允许窄带调频信号通过,限制带外噪声,为理想滤波器。带通滤波器

通信原理

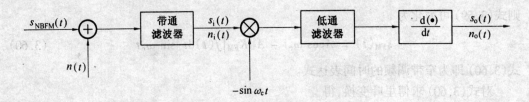

图3.14 窄带调频波相干解调模型

的输出为信号和窄带噪声的叠加,即为

$$s_i(t) + n_i(t) = s_{NBF}(t) + n_i(t) \tag{3.65}$$

又有

$$n_i(t) = n_{iI}(t)\cos\omega_0 t - n_{iQ}(t)\sin\omega_0 t$$

代入式(3.65)有

$$s_i(t) + n_i(t) = s_{NBF}(t) + n_i(t) =$$
$$[A + n_{iI}(t)]\cos\omega_c t - [AK_{FM}\int f(t)dt + n_{iQ}(t)]\sin\omega_c t$$

经解调后有

$$s_o(t) + n_o(t) = \frac{1}{2}\left[AK_{FM}f(t) + \frac{dn_{iQ}(t)}{dt}\right] \tag{3.66}$$

式中 $\frac{1}{2}AK_{FM}f(t)$ ——解调出的有用信号;

$\frac{1}{2}\frac{dn_{iQ}(t)}{dt}$ ——噪声项。

则解调器输入端的信号功率为

$$S_i = \overline{s_i^2(t)} = \frac{A^2}{2} \tag{3.67}$$

解调器输入端的噪声率为

$$N_i = \frac{1}{\pi}\int_{\omega_c-\omega_m}^{\omega_c+\omega_m} \frac{n_0}{2}d\omega = \frac{n_0\omega_m}{\pi} \tag{3.68}$$

式中 ω_m ——调制信号的角频率;
ω_c ——载波信号的角频率。

由式(3.67)和式(3.68)可得输入端的信噪比为

$$\left(\frac{S_i}{N_i}\right)_{NBFM} = \frac{\pi A^2}{2n_0\omega_m} \tag{3.69}$$

解调器输出信号的功率为

$$S_o = \frac{1}{4}A^2 K_{FM}^2 E[f^2(t)] \tag{3.70}$$

又知 $n_{iQ}(t)$ 的功率谱密度是 $n_i(t)$ 功率谱密度($n_0/2$)的2倍,经微分后功率谱密度变为 $n_0\omega^2$,因此可得输出噪声$\left(即\frac{1}{2}\frac{dn_{iQ}(t)}{dt}\right)$的功率谱密度为

$$P_o(\omega) = \frac{1}{4}n_0\omega^2$$

第3章 模拟调制系统

又有,低通滤波器可以滤除调制信号以外的频率分量,则输出的噪声功率为

$$N_o = \frac{1}{\pi} \int_0^{\omega_m} \frac{1}{4} n_0 \omega^2 d\omega = \frac{n_0 \omega_m^3}{12\pi} \tag{3.71}$$

由式(3.70)与式(3.71)可得输出端的信噪比为

$$\left(\frac{S_o}{N_o}\right)_{NBFM} = \frac{\frac{1}{4} A^2 K_{FM}^2 E[f^2(t)]}{\frac{n_0 \omega_m^3}{12\pi}} = \frac{3\pi A^2 K_{FM}^2}{n_0 \omega_m^3} E[f^2(t)] \tag{3.72}$$

由式(3.69)和式(3.72)得解调增益为

$$G = \frac{S_o/N_o}{S_i/N_i} = \frac{6 K_{FM}^2}{\omega_m^2} E[f^2(t)] \tag{3.73}$$

最大频偏可表示为 $\Delta\omega_{max} = K_{FM} |f(t)|_{max}$,将其代入式(3.73),有

$$G = 6 \left(\frac{\Delta\omega_{max}}{\omega_m}\right)^2 \frac{E[f^2(t)]}{|f(t)|_{max}^2}$$

当单频调制时,设单频为 $f(t) = A\cos\omega_m t$,$\beta_{FM} = \frac{\Delta\omega_{max}}{\omega_m}$ 为调制指数,则

$$E[f^2(t)] = \frac{1}{2} A^2, \quad |f(t)|_{max}^2 = A^2$$

所以信噪比增益为

$$G = 6\beta_{FM}^2 \frac{\frac{1}{2} A^2}{A^2} = 3\beta_{FM}^2 \tag{3.74}$$

3.4.2 非相干解调的抗噪声性能

宽带调制信号采用非相干解调方法,下面以宽带调频系统的噪声性能为例进行介绍,从而使读者能够了解非相干解调的抗噪声性能及其分析方法。宽带调频系统抗噪声性能的分析模型如图3.15所示,其中带通滤波器的作用是限制带外噪声,低通滤波器的作用是抑制调制信号频率以外的高频分量与噪声。

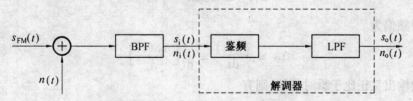

图3.15 宽带调频系统抗噪声性能的分析模型

令 $s_{FM} = A\cos[\omega_c t + K_{FM}\int f(t) dt]$,由于FM波为等幅波,所以鉴频器的输入信号功率为

$$S_i = \frac{A^2}{2} \tag{3.75}$$

带通滤波器的带宽与调频信号的带宽 B_{FM} 相同,则可求得鉴频器输入噪声的功率为

$$N_i = n_0 B_{FM} \tag{3.76}$$

从而输入信噪比为

$$\frac{S_i}{N_i} = \frac{A^2}{2n_0 B_{FM}} = \frac{\pi A^2}{2n_0 \Delta\omega} \tag{3.77}$$

式中

$$\Delta\omega = 2\pi B_{FM}$$

因为 FM 是非线性过程,在计算信号功率和噪声功率时应当考虑到信号与噪声之间的相互影响。当然,当输入信噪比很大时,信号与噪声之间的相互影响是可以忽略的。

由高频电子线路的知识可知,鉴频器输出电压与输入调频波的瞬时频偏成正比,令鉴频器增益为 K,则输出信号为

$$S_o(t) = K K_{FM} f(t)$$

其功率为

$$S_o = K^2 K_{FM}^2 E[f^2(t)] \tag{3.78}$$

同样,计算输出噪声功率时,忽略 $f(t)$ 的影响,即令 $f(t) = 0$,则鉴频器的输入信号为

$$\varphi(t) = A\cos(\omega_0 t + \theta_0) \tag{3.79}$$

此时鉴频器总输入为 $A\cos(\omega_0 t + \theta_0) + n_i(t)$,通过 3.2 节的学习已知对于窄带噪声有 $n_i(t) = n_{iI}(t)\cos\omega_0 t - n_{iQ}(t)\sin\omega_0 t$,为此鉴频器总输入为

$$A\cos(\omega_0 t + \theta_0) + n_i(t) = [A + n_{iI}(t)]\cos(\omega_0 t + \theta_0) - n_{iQ}(t)\sin(\omega_0 t + \theta_0) =$$
$$A(t)\cos[\omega_0 t + \psi(t)] \tag{3.80}$$

式中

$$A(t) = \sqrt{[A + n_{iI}(t)]^2 + n_{iQ}^2(t)} \tag{3.81}$$

$$\psi(t) = \arctan\frac{n_{iQ}(t)}{A + n_{iI}(t)} \tag{3.82}$$

在输入信噪比大的情况时,有 $A \gg |n_{iI}|$,则有

$$\psi(t) \approx \arctan\frac{n_{iQ}(t)}{A} \tag{3.83}$$

又有瞬时频偏为

$$\Delta\omega = \frac{d\psi(t)}{dt} = \frac{d}{dt}\left[\frac{n_{iQ}(t)}{A}\right] \tag{3.84}$$

鉴频器的输出又正比于瞬时频偏,则有

$$n_o(t) = K\frac{d}{dt}\left[\frac{n_{iQ}(t)}{A}\right] = \frac{K}{A}\frac{dn_{iQ}(t)}{dt} \tag{3.85}$$

若 $n_i(t)$ 的功率谱为 $P_{n_i}(\omega)$,对于窄带高斯噪声有

$$P_{n_{iI}}(\omega) = P_{n_{iQ}}(\omega) = \begin{cases} P_{n_i}(\omega + \omega_0) + P_{n_i}(\omega - \omega_0) & (|\omega| < \Delta\omega) \\ 0 & (|\omega| > \Delta\omega) \end{cases} \tag{3.86}$$

式中 $P_{n_{iQ}}(\omega)$——$n_{iQ}(t)$ 的功率谱,则 $\dfrac{dn_{iQ}(t)}{dt}$ 的功率谱为 $\omega^2 P_{n_{iQ}}(\omega)$。

因此宽带调频系统输出噪声功率谱为

$$P_{n_o}(\omega) = \begin{cases} (K/A)2\omega^2 P_{iQ}(\omega) & (|\omega| < W_m) \\ 0 & (|\omega| > W_m) \end{cases} \quad (3.87)$$

输出噪声功率为

$$N_o = \frac{1}{2\pi} \int_{-W_m}^{W_m} P_{n_o}(\omega) d\omega =$$

$$\left(\frac{K}{A}\right)^2 \frac{1}{2\pi} \int_{-W_m}^{W_m} \omega^2 [P_{n_i}(\omega + \omega_0) + P_{n_i}(\omega - \omega_0)] d\omega = K^2 n_0 W_m^3 / 3\pi A^2 \quad (3.88)$$

由式(3.78)和(3.88)可得输出信噪比为

$$\frac{S_o}{N_o} = \frac{3\pi A^2 K_{FM}^2}{n_0 W_m^3} E[f^2(t)] \quad (3.89)$$

已知最大频偏 $\Delta\omega_{max} = K_{FM}|f(t)|_{max}$,可得

$$K_{FM} = \frac{\Delta\omega_{max}}{|f(t)|_{max}}$$

将其代入式(3.89),得

$$\frac{S_o}{N_o} = \frac{3\pi A^2}{n_0 W_m^3} \left[\frac{\Delta\omega_{max}}{|f(t)|_{max}}\right]^2 E[f^2(t)] \quad (3.90)$$

由式(3.77)和式(3.90)得信噪比增益为

$$G = 6\left(\frac{\Delta\omega}{W_m}\right)^3 \frac{E[f^2(t)]}{|f(t)|_{max}^2}$$

可见,$\Delta\omega$ 越大,信噪比增益越高,实际上信噪比的改善是以增加传输的带宽为代价的。

3.5 角度调制的接收

角度调制信号接收的目的是把包含在已调信号频率(或相位)中的原调制信号检出。调频信号的解调称为频率检波,也称鉴频;同样,调相信号的解调则称为相位检波,也称鉴相。本节主要对鉴频进行讨论分析,对调相信号的解调,调频信号解调过程与之相似,不再赘述。

调频信号的解调同样也有相干解调与非相干解调两种解调方式。无论是哪种解调方式,最终目的都是要得到一个幅度随输入信号频率成比例变化的输出信号。

1. 相干解调

相干解调对于调频信号来说仅适用于窄带调频时,解调器的框图如图 3.16 所示。窄带调频信号同样可分解为同相分量和正交分量之和,令其表达式为

$$s_{NBFM}(t) = A\cos\omega_c t - A[K_{FM}\int f(t)dt]\sin\omega_c t$$

令相乘器的相干载波为

$$c(t) = -\sin\omega_c t$$

则相乘器的输出为

$$s_p(t) = -\{A\cos\omega_c t - A[K_{FM}\int f(t)dt]\sin\omega_c t\}\sin\omega_c t =$$
$$-\frac{A}{2}\sin 2\omega_c t + \frac{1}{2}[AK_{FM}\int f(t)dt](1-\cos 2\omega_c t)$$

经过低通滤波器后的输出信号为

$$s_d(t) = \frac{1}{2}[AK_{FM}\int f(t)dt]$$

最后经微分器,可得输出信号为

$$s_o = \frac{1}{2}AK_{FM}f(t)$$

可以看出,相干解调可以恢复出原调制信号。

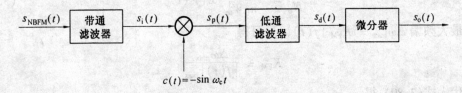

图 3.16　窄带调频信号相干解调

2. 鉴频器

采用具有线性的频率－电压转换特性的鉴频器,可对调频信号进行直接解调,常用的鉴频器有相位鉴频器、斜率鉴频器、锁相环路解调器等。

(1) 相位鉴频器

相位鉴频器的实现模型如图 3.17 所示,先将调频信号送入频率－相位线性变换网络,变换成相位与瞬时频率成正比变化的调相－调频信号,然后通过相位检测器解调出调制信号。

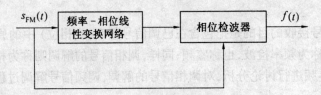

图 3.17　相位鉴频器模型

(2) 斜率鉴频器

斜率鉴频器的实现模型如图 3.18 所示,先将调频信号送入频率－振幅线性变换网络,变换成幅度与频率成正比变化的调幅－调频信号,然后通过包络检波器解调出调制信号。

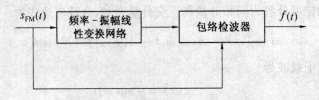

图 3.18　斜率鉴频器模型

(3) 锁相环路解调器

锁相环是一个相差自动调节系统,它主要包含三个基本部件:鉴相器(Phase Detector,PD)、环路滤波器(Loop Filter,LF)和压控振荡器(Voltage Controlled Oscillator,VCO)。由这三个基本部件组成的锁相环为基本锁相环,如图 3.19 所示。实际使用的锁相环可能还包含放大器 混频器、分频器、滤波器等部件,但这些部件不影响锁相环的工作原理,可不予考虑。

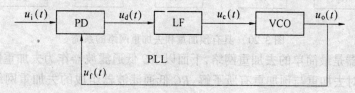

图 3.19 基本锁相环的组成

PD 是一个相位比较装置,它对输入信号 $u_i(t)$ 和输出回馈信号 $u_f(t)$ 的相位进行比较和运算处理,输出误差信号 $u_d(t)$。

LF 是一个线性低通网络,用来滤除 $u_d(t)$ 中的高频成分,调整环路参数,它对环路的性能指标有重要影响。它的输出信号 $u_c(t)$ 被用来控制 VCO 的频率和相位。

VCO 是一个电压 – 频率变换装置,它的频率 $\omega_v(t)$ 随控制电压 $u_c(t)$ 的变化而变化。

整个环路构成一个负反馈系统,鉴相器检测输入信号与回馈信号之间的相位偏差,利用相位偏差产生控制信号去调整输出信号的相位,从而减小或消除相位偏差,最终使输入和输出信号达到相同的频率。

3.6 预加重和去加重技术

在调幅信号和调角信号的抗噪声性能分析中已经指出,在幅度调制系统中,可以通过提高输入信噪比来实现输出信噪比的提高。在角度调制系统中,除了增加输入信噪比外,在门限以上工作时还可以通过增加调频指数来提高输出信噪比,同样的,对于调频系统,如果在解调器输出端接一个具有滚降特性为 $\frac{1}{\omega^2}$ 的去加重网络,就可以减小输出噪声的功率,从而提高输出信噪比。但是,接收端接入去加重网络后,会使输出信号失真。为此,必须在调制器前加一个预加重网络,来抵消去加重网络的影响,且去加重网络与预加重网络的传递函数必须满足

$$H_d(f) = 1/H_p(f) \tag{3.91}$$

式中 $H_d(f)$ —— 去加重网络的传递函数;
$H_p(f)$ —— 预加重网络的传递函数。

图 3.20 为具有预加重和去加重网络的系统的方框图,图中 K 网络为一个衰减器,它的作用是在预加重的情况下,保持调频波频偏不变。用 R_{FM} 表示噪声改善比,其定义为

$$R_{\text{FM}} = \frac{\int_{-f_m}^{f_m} P_{n_o}(f) \, df}{\int_{-f_m}^{f_m} P_{n_o}(f) |H_d(f)|^2 \, df} \quad (3.92)$$

式中，$P_{n_o}(f)$ 为解调器输出噪声的功率谱密度。

$f(t) \rightarrow \boxed{H_p(f)} \rightarrow \boxed{K} \rightarrow \boxed{调制} \rightarrow \boxed{解调} \rightarrow \boxed{H_d(f)} \rightarrow f(t)$

图 3.20 具有预加重和去加重网络的系统

RC 滤波器是最简单的去加重网络，下面以 RC 低通滤波器作为去加重网络为例进行介绍，使读者对去加重与预加重有所了解。RC 低通滤波器组成的去加重网络电路图如图 3.21 所示。

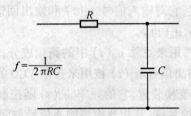

图 3.21 RC 低通滤波器组成的去加重网络

RC 去加重网络传递函数为

$$H_d(f) = \frac{1}{1 + j\left(\dfrac{f}{f_1}\right)}$$

式中，$f_1 = \dfrac{1}{2\pi RC}$ 为 RC 滤波器的 3 dB 带宽，则

$$|H_d(f)|^2 = \frac{1}{1 + \left(\dfrac{f}{f_1}\right)^2} \quad (3.93)$$

则相应的预加重网络的传递函数 $H_p(f)$ 应满足条件

$$H_p(f) = \frac{1}{H_d(f)} = \frac{1}{\dfrac{1}{1 + j\left(\dfrac{f}{f_1}\right)}} = 1 + j\left(\dfrac{f}{f_1}\right) \quad (3.94)$$

实际上这样的预加重网络是无法实现的，我们用一种近似电路来完成，其电路图如图 3.22 所示。

图中网络的传递函数为

$$H_p(f) = \frac{\dfrac{R_2}{R_1}\left[1 + j\left(\dfrac{f}{f_1}\right)\right]}{1 + \dfrac{R_2}{R_1} + j\left(\dfrac{f}{f_2}\right)} \quad (3.95)$$

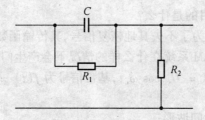

图 3.22 预加重网络

式中

$$f_1 = \frac{1}{2\pi R_1 C} \quad f_2 = \frac{1}{2\pi R_2 C}$$

当 $R_1 \gg R_2$ 时,$f_1 \ll f_2$,则式(3.95)可简化为

$$H_p(f) = \frac{R_2}{R_1}\left[1 + j\left(\frac{f}{f_1}\right)\right]$$

加重技术在调频系统中已得到了广泛的应用,加重技术可以大大改善输出信噪比,但它是以增加带宽作为代价的。

本章小结

调幅是用调制信号改变高频载波振幅的过程,振幅调制、解调都属于频谱搬移电路,它们均可用相乘器和滤波器组成的电路实现。在幅度调制中包括普通调幅波(AM)、抑制载波的双边带调制(DSB)、单边带调制(SSB)和残留边带调制(VSB)等,其中普通调幅波是基本,其他的调幅信号都可由它演变而来。

信号解调的目的是从已调波中恢复出原来的基带信号,解调方法有两种,一种是相干解调,另一种是非相干解调。相干解调,就是在接收端将已调信号与本地参考载波信号相乘(这里要求本地参考信号的频率、相位与已调信号的载波完全相同),把频谱搬回到原来的位置上,然后再通过低通滤波器恢复出基带信号,这种解调又称为同步解调。非相干解调,就是在接收端解调已调信号时不需要本地参考载波,而是利用已调信号中的包络的信息来恢复出基带信号。

非线性调制所形成的频谱不再保持基带信号的频谱结构,也就是说,已调信号的频谱与基带信号频谱之间是非线性关系。非线性调制分为频率调制(FM)和相位调制(PM),两者统称为角调制。

角度调制信号接收的目的是把包含在已调信号频率(或相位)中的原调制信号检出。调频信号的解调称为频率检波,也称鉴频;同样,调相信号的解调则称为相位检波,也称鉴相。

习 题

1.分别写出普通调幅波(AM)、抑制载波的双边带调制(DSB)、单边带调制(SSB)的表达式并分别画出其频谱。

2. 调制的基本概念及目的是什么？

3. 在残留边带系统中，为了不失真地恢复信号，其传输函数应满足什么条件？

4. 什么是门限效应？AM 系统在什么样的情况下会产生门限效应？

5. 已知载波信号 $u_c(t) = U_{cm}\cos\omega_c t$，基带信号为 $f(t) = U_m\cos\Omega t$ 的单频信号。
(1) 求调幅波表达式；
(2) 画出 AM 信号的时间波形；
(3) 画出其频谱图；
(4) 求出调幅波的功率。

6. 已知调制信号 $f(t) = \cos(2\times10^3\pi t) + \cos(4\times10^3\pi t)$，载波为 $\cos(10^4\pi t)$ 进行单边带调制，试确定该单边带信号的表达式，并画出频谱图。

7. 将调幅波通过残留边带滤波器产生残留边带信号，若此滤波器的传输函数 $H(\omega)$ 如图 3.23 所示（斜线段为直线），当调制信号为 $f(t) = A(\sin 100\pi t + \sin 6\,000\pi t)$ 时，试确定所得残留边带信号的表达式。

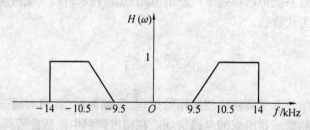

图 3.23

8. 已知角调制信号为 $s(t) = \cos[\omega_c t + 200\cos\omega_m t]$，如果它是调频信号，且 $K_{FM} = 1.5$，试求调制信号 $f(t)$。

9. 8 题中调制信号如果为调相信号，且 $K_{PM} = 2$，试求调制信号 $f(t)$。

10. 设一个频率调制信号的载频等于 10 kHz，基带调制信号是频率为 2 kHz 的单频正弦波，调制频移等于 5 kHz。试求其调制指数和已调信号带宽。

11. 设一个角度调制信号的表示式为 $s(t) = 10\cos(2\times10^6\pi t + 10\cos 2\,000\pi t)$。试分别求：已调信号的最大频移，已调信号的最大相移，已调信号的带宽。

第4章

数字基带传输系统

【学习目标】

掌握数字基带传输的基本原理及功率谱密度,数字基带信号的编码原理,抗噪声性能。为了提高数字传输的有效性和可靠性,了解对数字基带信号适合何种传输系统。

【知识要点】

1. 掌握数字基带信号码型及其频谱特性。
2. 了解码间干扰的产生,用眼图如何观测码间干扰,克服码间干扰的方法。

4.1 概　述

在数字通信系统中,如何用二进制符号表示数字信号,例如计算机输出的二进制序列,电传机输出的代码,或者是来自模拟信号经数字化处理后的 PCM 码组,ΔM 序列等都是数字信号。这些信号往往包含丰富的低频分量,甚至直流分量,因而称为数字基带信号。在某些具有低通特性的有线信道中,特别是传输距离不太远的情况下,数字基带信号可以直接传输,称为数字基带传输。而大多数信道,如各种无线信道和光信道,则是带通型的,数字基带信号必须经过载波调制,把频谱搬移到高频处才能在信道中传输,这种传输称为数字频带(调制或载波)传输。

目前,虽然在实际应用中,数字基带传输不如频带传输那样应用广泛,但对于基带传输系统的研究仍是十分有意义的。一是因为在利用对称电缆构成的近程数据通信系统中广泛采用了这种传输方式;二是因为数字基带传输中包含频带传输的许多基本问题,也就是说,基带传输系统的许多问题也是频带传输系统必须考虑的问题;三是因为任何一个采用线性调制的频带传输系统都可等效为基带传输系统来研究。因此,上述问题都是本章数字基带传输要讨论的内容。

4.2 数字基带信号的编码原则

通常用不同幅度的脉冲表示码元的不同取值,这样的脉冲信号就是数字基带信号。数字基带信号是数字信息的电脉冲表示,电脉冲的形式称为码型。最简单数字基带信号用来传送定时信息。这些最简单数字基带信号的频谱中含有丰富的低频分量乃至直流分量,因而传输频带的高频和低频部分均受限,必须考虑到以下原则:

①对于传输频带低端受限时,一般来讲线路传输码型的频谱中应不含直流分量。
②码型变换过程应对任何信源具有透明性,即与信源的统计特性无关。
③便于从基带信号中提取定时信息,包括位定时信息和分组同步信息。
④实时监测传输系统信号传输质量,即应能检测出基带信号码流中错误的信号状态。
⑤编译码设备应尽量简单。

根据以上原则,使基带信号尽量满足以上要求,但不是全部都能满足,往往是满足其中的若干项。各种数字基带信号中码元幅度不同,可归纳为二元码、三元码和多元码。

4.3 基带数字信号的波形

4.3.1 二元码

二元码幅度值只有两种电平,编码规则比较简单。

1. 单极性非归零码(图 4.1(a))

在单极性非归零码中用高电平和低电平分别表示二进制信息"1"和"0",在整个码元期间电平保持不变,常记做 NRZ。

2. 双极性非归零码(图 4.1(b))

在双极性非归零码中用正电平和负电平分别表示"1"和"0"。与单极性非归零码相同的是整个码元期间电平保持不变,因而在这种码型中不存在零电平。

3. 单极性归零码(图 4.1(c))

单极性归零码与单极性非归零码的区别在于,在发送"1"时整个码元期间高电平只持续一段时间,在码元的其余时间内则返回到零电平,常记做 RZ。

4. 差分码(图 4.1(d))

在差分码中,"1"、"0"分别用电平跳变或不变来表示。若用电平跳变来表示"1",则称为传号差分码;若用电平跳变来表示"0",则称为空号差分码。通常分别记做 NRZ(M)和 NRZ(S)。

5. 数字双相码(图 4.1(e))

数字双相码又称为分相码或曼彻斯特码,它用一个周期的方波表示"1",而用它的反相波形表示"0"。数字双相码可以用单极性非归零码 NRZ 与定时信号的模 2 和来产生。

由于双相码在每个码元间隔的中心部分都存在电平跳变,因此在频谱中存在很强的定时分量,它不受信源统计特性的影响。此外,由于方波周期内正、负电平各占一半,因而不存在直流分量。显然,上述优点是用频带加倍来换取的。

6. 传号反转码(图 4.1(f))

传号反转编码(CMI 码)与数字双相码类似,也是一种二电平非归零码。CMI 码也没有直流分量,却有频繁出现的波形跳变,便于恢复定时信号。传号反转码的另一个特点是它有检测错误的能力。这是因为"1"相当于用交替的"00"和"11"两位码组表示,而"0"则固定地用"01"表示,在正常情况下"10"是不可能在波形中出现的,连续的"00"和"11"也是不可能出现的,这种相关性可以用来检测因信道而产生的部分错误。

由于 CMI 码易于实现,且具有上述特点,因此在高次群脉冲编码调制终端设备中广泛用做接口码型,在低速的光纤数字传输系统中则被推荐为线路传输码型。

7. 密勒码(图 4.1(g))

密勒码又称延迟调制,它是数字双相码的一种变型。在密勒码中,"1"用码元周期中点处出现跳变来表示,即用在中点由正电位变负电位或由负电位变正电位表示,或者说用"01"或"10"表示。而对于"0"则有两种情况:当出现单个"0"时,在码元周期内不出现跳变;但若遇见连"0"时,则在前一个"0"结束时出现电平跳变。由上述编码规则可知,当两个"1"之间有一个"0"时,则在第一个"1"的码元周期中点与第二个"1"的码元周期中点之间无电平跳变,此时密勒码中出现最大宽度,即两个码元周期。

密勒码实际上是数字双相码经过一级触发器后得到的波形,因此,密勒码是数字双相码的差分形式,它也能克服数字双相码中存在的相位不确定的问题。

密勒码最初用于气象卫星及磁带记录,现已开始用于传递低速数据的基带数传机。

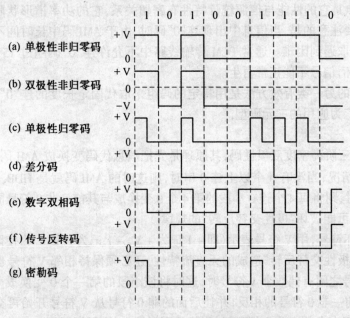

图 4.1 基带信号的基本波形

4.3.2 三元码

在三元数字基带信号中,信号幅度取值有三个: $+1$、0、-1。由于实现时并不是将二进制数变为三进制数,而是某种特定取代,因此又称为准三元码或伪三元码。三元码种类很多,被广泛地用做脉冲编码调制的线路传输码型。

1. 双极性归零码

双极性归零波如图 4.2 所示,由图可以看出,这种波形的每个码元的起止时刻能够很容易得知,而且,若"0"和"1"以等概率出现,则它也没有直流分量。

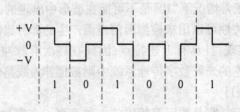

图 4.2 双极性归零码

2. 传号交替反转码

传号交替反转码常被记做 AMI 码。在 AMI 码中,二进制信息"0"变换为三元码序列中的"0",二进制信息"1"则交替地变换为"+1"和"-1"的归零码。AMI 码的功率谱中无直流分量,低频分量较小,能量集中在频率为 1/2 码速之处。AMI 码具有检错能力,如在传输过程中因传号极性交替规律受到破坏而出现误码,则在接收端很容易发现这种错误。

消息码:0　1　0　1　1　0　0　0　1　0
AMI 码:0　+1　0　-1　+1　0　0　0　-1　0

AMI 码的主要缺点是它的性能与信源统计特性有密切关系,它的功率谱形状随信息中传号率而变化。更要注意的是,当信息中出现连"0"码时,由于 AMI 码中长时间不出现电平跳变,因而定时提取遇到困难。通常 PCM 传输线路中不允许连"0"码超过 15 个,否则位定时就要遭到破坏,信号不能正常再生。

解决连"0"码问题的另一类有效方法是用特定的码组来取代固定长度的连"0"码,由此得到其他各种目前广为应用的三元码型。

3. HDB_3 码

HDB_3 码的全称是三阶高密度双极性码,其原理是先把消息代码变换成 AMI 码,然后去检查 AMI 码的连 0 情况,当没有 4 个以上连 0 串时,则这时的 AMI 码就是 HDB_3;当出现 4 个以上连 0 串时,则将每 4 个连 0 小段的第 4 个 0 变换成与其前一非 0 符号同极性的符号。显然,这样做可能破坏"极性交替反转"的规律。

这个符号称为破坏符号,用 V 符号表示(即 +1 记为 +V,-1 记为 -V)。为使附加 V 符号后的序列不破坏"极性交替反转"造成的无直流特性,还必须保持相邻 V 符号也应极性交替。当相邻 V 符号之间有偶数个 1 符号时,这时将该小段的第一个 0 变换成 +B 或 -B,B 符号的极性与前一非 0 符号的相反,并让后面的非 0 符号从 V 符号开始再交替变化。当相邻 V 符号之间有奇数个非 0 符号时,则能得到极性交替反转的保证。

消息码:　1000　　0　1000　　0　1　1　000　　0　1　1
AMI 码:　-1000　　0　+1000　　0　-1　+1　000　　0　-1　+1
HDB_3 码:　-1000　V　+1000　+V　-1　+1　-B00　-V　+1　-1

HDB_3 码的特点是具有检错能力,当传输过程中出现单个误码时,破坏点序列的极性交替规律将受到破坏,因而可以在使用过程中监测传输质量。HDB_3 码得到了广泛应用,并且成为 ITU-T 推荐使用的码型之一。

4. PST 码

PST 码的全称是成对选择三进码,见表 4.1。这种码的编码过程是:先将二进制的代码划分成两个码元为一组的码组序列,然后再把每一码组编码成两个三进制数字(+、-、0)。因为两位三进制数字共有 9 种状态,故可灵活地选择其中的 4 种状态。为防止 PST 码的直流漂移,当在一个码组中仅发送单个脉冲时,两个模式应交替变换。

代码:　　　　0 1　0　0 1 1 1 0 1 0 1 1 0 0
取正模式时:　0 +　-　+ + - - 0 + 0 + - - +
取负模式时:　0 -　-　+ + - + 0 - 0 + - - +

表 4.1　PST 码

二进制代码	正模式	负模式
00	- +	- +
01	0 +	0 -
10	+ 0	- 0
11	+ -	+ -

PST 码能提供足够的定时分量,且无直流成分,编码过程也较简单。

4.4　数字基带信号的频谱特性

数字信号是一串随机的脉冲序列,而随机信号不能用确定的时间函数表示,因此它没有确定的频谱函数,只能用功率谱密度描述其频率特性。较简单的方法是由随机过程功率谱的原始定义出发,求出简单码型的功率谱密度。

假设随机信号序列是一个平稳随机过程,其中"0"和"1"出现的概率分别为 p 和 $(1-p)$,而且它们的出现是统计独立的。一般而言,此信号序列 $s(t)$ 可以表示为

$$s(t) = \sum_{n=-\infty}^{\infty} s_n(t) \tag{4.1}$$

其中

$$s_n(t) = \begin{cases} g_1(t - nT_s) & \text{(以概率 } p \text{ 出现)} \\ g_2(t - nT_s) & \text{(以概率 } 1-p \text{ 出现)} \end{cases} \tag{4.2}$$

根据随机信号分析理论可知

$$P_s(f) = \lim_{T \to \infty} \frac{E[|s_T(f)|^2]}{T} \tag{4.3}$$

截取时间为

$$T = (2N+1)T_s$$

式中,N 是一个足够大的整数。

这时,截取的信号可以表示为

$$s_c(t) = \sum_{n=-N}^{N} s_n(t) \tag{4.4}$$

并且式(4.3)可以写为

$$P_s(f) = \lim_{N \to \infty} \frac{E|S_c(f)|^2}{(2N+1)T} \tag{4.5}$$

若求出了截断信号 $s_c(t)$ 的频谱密度 $S_c(f)$,利用式(4.5)就能计算出信号的功率谱密度 $P_s(f)$。首先,计算 $S_c(f)$,将 $s_c(t)$ 看做由一个稳态波 $v_c(t)$ 和一个交变波 $u_c(t)$ 合成的。稳态波是截断信号 $s_c(t)$ 的统计平均分量,即

$$v_c(t) = p\sum_{n=-N}^{N}g_1(t-nT) + (1-p)\sum_{n=-N}^{N}g_2(t-nT) =$$
$$\sum_{n=-N}^{N}[pg_1(t-nT) + (1-p)g_2(t-nT)] \quad (4.6)$$

而交变波 $u_c(t)$ 就是 $s_c(t)$ 和 $v_c(t)$ 之差:

$$u_c(t) = s_c(t) - v_c(t) \quad (4.7)$$

于是得

$$u_c(t) = \sum_{n=-N}^{N}u_n(t) \quad (4.8)$$

式中

$$u_n(t) = \begin{cases} g_1(t-nT) - pg_1(t-nT) - (1-p)g_2(t-nT) = \\ (1-p)[g_1(t-nT) - g_2(t-nT)] \text{(以概率 } p \text{ 出现)} \\ g_2(t-nT) - pg_1(t-nT) - (1-p)g_2(t-nT) = \\ -p[g_1(t-nT) - g_2(t-nT)] \text{(以概率}(1-p) \text{出现)} \end{cases}$$

或写成

$$u_n(t) = a_n[g_1(t-nT) - g_2(t-nT)] \quad (4.9)$$

其中

$$a_n = \begin{cases} 1-p & \text{(以概率 } p \text{ 出现)} \\ p & \text{(以概率}(1-p) \text{出现)} \end{cases}$$

由于式(4.6)和式(4.8)是 $u_c(t)$ 和 $v_c(t)$ 的确定表达式,因此能够由此两式分别计算出它们的功率谱密度。然后利用式(4.7)的关系,就能计算出功率谱密度。具体的推算过程在数字信号处理方面理论中讲述,本书只给出相应的结论。

稳态波 $v_c(t)$ 的功率谱密度为

$$P_v(f) = \sum_{m=-\infty}^{\infty}|f_c[pG_1(mf_c) + (1-p)G_2(mf_c)]|^2\delta(f-mf_c) \quad (4.10)$$

交变波 $u_c(t)$ 的功率谱密度为

$$P_u(f) = p(1-p)|G_1(f) - G_2(f)|^2\frac{1}{T} \quad (4.11)$$

由于 $s(t)$ 的功率谱密度 $P_s(f)$ 等于 $u_c(t)$ 的功率谱密度 $P_u(f)$ 和 $v(t)$ 的功率谱密度 $P_v(f)$ 之和。

最后的计算结果可以表示为

$$P_s(f) = P_u(f) + P_v(f) = f_c p(1-p)|G_1(f) - G_2(f)|^2 +$$
$$\sum_{m=-\infty}^{\infty}[|f_c|pG_1(mf_c) + (1-p)G_2(mf_c)]^2\delta(f-mf_c) \quad (4.12)$$

式中 $P_s(f)$——双边功率谱密度表达式。

由上式写出其单边功率密度表达式为

$$P_s(f) = 2f_c p(1-p) |G_1(f) - G_2(f)|^2 + f_c^2 |pG_1(0) + (1-p)G_2(0)|^2 \delta(f) +$$
$$2f_c^2 \sum_{m=1}^{\infty} |pG_1(mf_c) + (1-p)G_2(mf_c)|^2 \delta(f - mf_c) \quad (f \geq 0) \tag{4.13}$$

1. 单极性二进制信号的频谱

设一个单极性二进制信号 $g_1(t) = 0, g_2(t) = g(t)$，则由式(4.12)可得到由其构成的随机序列的双边功率谱密度为

$$P_s(f) = f_c p(1-p) |G(f)|^2 + \sum_{m=-\infty}^{\infty} |f_c(1-p)G(mf_c)|^2 \delta(f - mf_c) \tag{4.14}$$

式中 $G(f)$——$g(t)$ 的频谱函数。

当 $p = 1/2$，且 $g(t)$ 为矩形脉冲时，即

$$g(t) = \begin{cases} 1 & (|t| \leq T/2) \\ 0 & (\text{其他}) \end{cases}$$

$g(t)$ 的频谱函数为

$$G(f) = T\left(\frac{\sin \pi fT}{\pi fT}\right) \tag{4.15}$$

故此随机序列的功率谱密度表示式(4.14)变为

$$P_s(f) = \frac{1}{4} f_c T^2 \left(\frac{\sin \pi fT}{\pi fT}\right)^2 + \frac{1}{4} \delta(f) \tag{4.16}$$

2. 双极性二进制信号频谱

设一个双极性二进制信号 $g_1(t) = -g_2(t) = g(t)$，则由式(4.12)可得其构成的随机序列的双边带功率谱密度为

$$P_s(f) = 4f_c p(1-p) |G(f)|^2 + \sum_{m=-\infty}^{\infty} |f_c(2p-1)G(mf_c)|^2 \delta(f - mf_c) \tag{4.17}$$

当 $p = 1/2$ 时，式(4.17)可改写为

$$P_s(f) = f_c |G(f)|^2 \tag{4.18}$$

若 $g(t)$ 为矩形脉冲，则其频谱 $G(f)$ 带入式(4.18)，可得

$$P_s(f) = f_c \left| T\left(\frac{\sin \pi fT}{\pi fT}\right) \right|^2 = T \left(\frac{\sin \pi fT}{\pi fT}\right)^2 \tag{4.19}$$

根据以上两信号的功率谱密度的例子，可以得出以下结论：

① 数字基带信号功率谱的形状取决于单个波形的频谱函数，而码型规则仅起到加权作用，使功率谱形状有所变化。

② 时域波形的占空比越小，频带越宽。一般用谱零点带宽作为矩形信号的近似带宽。

③ 凡是 0、1 等概率的双极性码均无离散谱，即这类码型无直流分量和位定时分量。

④ 单极性归零码的离散谱中有位定时分量。对于那些不含有位定时分量的码型，可以将其变换成单极性归零码，便可获取位定时分量。

4.5 数字基带传输中的码间干扰

在基带数字信号传输系统发送端，输入信号是由冲激脉冲表示的数字信号。基带传输模型如图4.3所示。设基带数字信号传输系统是一个线性系统，且发送滤波器的传输函数为 $G_T(f)$，接收滤波器的传输函数为 $G_R(f)$，信道的传输函数为 $C(f)$。这样，可以把基带传

输系统中抽样判决点之前的这三个滤波器集中用一个基带总传输函数 $H(f)$ 表示,并且暂时不考虑噪声的影响,于是得

$$H(f) = G_T(f)C(f)G_R(f) \tag{4.20}$$

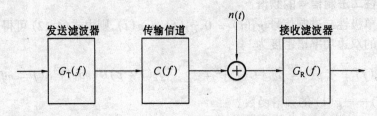

图 4.3 基带系统模型

发送滤波器的作用是限制发送频率,阻止数字信号中不必要的频率成分干扰相邻信道。由于基带信号在信道中传输时常混入噪声 $n(t)$,同时信道一般不满足不失真传输条件,因此要引起传输波形的失真,导致在接收端输入的波形与发送滤波器输出波形 $s(t)$ 差别较大,若直接进行抽样判决可能产生较大的误判,所以在抽样判决之前先经过一个接收滤波器。接收滤波器一方面滤除带外噪声,另一方面对失真波形进行均衡。识别电路由抽样和判决电路组成,其功能就是使数字信号得到再生,并改善输出信号的质量。

在数字基带系统模型中,造成判决错误的主要原因一方面是噪声,另一方面就是由于传输特性不良引起的码间干扰。

4.6 无码间串扰及奈奎斯特准则

在二进制基带信号传输系统中,判决器将每个接收码元在抽样时刻的抽样值和一个门限电平作比较,从而进行判决。由于系统传输特性的影响,可能使相邻码元的脉冲波形互相重叠,从而影响正确判断。这种相邻码元间的互相重叠称为码间串扰。

码间串扰产生的原因是系统总传输特性 $H(f)$ 不良。码间串扰的特性和噪声的特性不同:噪声是进入信道的独立的外来干扰,它不依赖于信号的存在与否;码间串扰则不然,它随信号的出现而出现,随信号的消失而消失。噪声是叠加在信号上的,称为加性干扰;码间串扰称为乘性干扰。

由上述可知,码间串扰是由于系统总传输函数 $H(f)$ 不良引起的。通常,信道的传输特性 $C(f)$ 是由线路媒质确定的,而发送和接收滤波器的传输特性 $G_T(f)$ 和 $G_R(f)$ 在设计时是有灵活性的,所以如何使总传输特性 $H(f)$ 产生的码间串扰尽量小,是设计的最终目的。

$H(f)$ 和 $h(t)$ 波形如图 4.4 所示。由图可见,$h(t)$ 的 0 点间隔等于 T,只有原点左右第一个 0 点之间的间隔等于 $2T$。因此,当码元间隔等于 T 时,即当系统输入一串间隔等于 T 的单位冲激函数 $\delta(t)$ 时,在抽样点上只有 $h(t)$ 的抽样值等于 1,其他脉冲 $h(t \pm nT)$ 的抽样值均为 0,其中 n = 正整数。这样,在理论上可以用持续时间为 T 的码元进行传输而无码间串扰。$W = \dfrac{1}{2T}$(Hz) 的传输带宽,则该系统无码间干扰时最高的传输速率为 $2W$(B),这个传输速率通常被称为奈奎斯特速率。

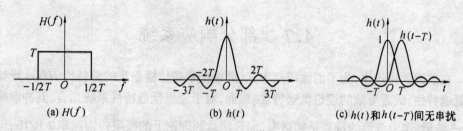

图 4.4　$H(f)$ 和 $h(t)$ 波形

但实际上,理想矩形传输特性是不可行的。首先,理想传输特性是不能物理实现的;其次,波形的"尾巴"起伏振荡较大,拖得时间很长,因而要求抽样时刻非常准确才能没有码间串扰,否则由于一长串码元的许多"尾巴"的残值在一个抽样点上叠加,将影响对抽样值的正确判断,而接收端的抽样时刻都存在一定误差。

为了解决上述问题,给出了一个解决方案。为了得到无码间串扰的传输特性,系统传输函数不必为矩形,而容许是具有缓慢下降边沿的任何形状,只要求其传输函数是实函数并且在 $f = W$ 处奇对称,这称为奈奎斯特准则。

实现奇对称余弦滚降的方法很多,常用的是幅度余弦滚降,其频谱函数为

$$H(\omega) = \begin{cases} T_s & (0 \leqslant |\omega| < \frac{(1-a)\pi}{T_s}) \\ \frac{T_s}{2}\left[1 + \sin\frac{T_s}{2a}\left(\frac{\pi}{T_s} - \omega\right)\right] & (\frac{(1-a)\pi}{T_s} \leqslant |\omega| < \frac{(1+a)\pi}{T_s}) \\ 0 & (|\omega| \geqslant \frac{(1+a)\pi}{T_s}) \end{cases} \quad (4.21)$$

式中　　a——滚降系数。

对式(4.21)进行傅里叶逆变换,即可求得它的时域表达式为

$$h(t) = \frac{\sin \pi t/T_s}{\pi t/T_s} \cdot \frac{\cos \pi t/T_s}{1 - 4a^2 t^2/T_s^2} \quad (4.22)$$

由式(4.22)可以看出,余弦滚降频谱函数是按余弦函数对理想低通频谱函数的幅度进行滚降处理的,不同 a 值余弦滚降频谱 $H(\omega)$ 及其对应的冲激响应 $h(t)$ 如图 4.5 所示。由图可见,滚降系数 a 越小,系统占用的带宽越窄,但波形 $h(t)$ 前后尾巴的振荡幅度却越大;反之,a 越大,系统占用的带宽越宽,但其冲激响应拖尾的振荡幅度较小。

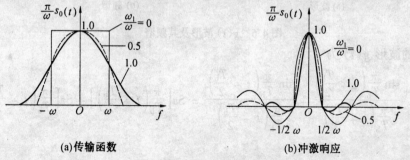

图 4.5　滚降特性曲线

4.7 部分响应系统

在前面的讨论中,为了消除码间串扰,要求把基带传输系统的总特性 $H(\omega)$ 设计成理想低通特性,或者等效的理想低通特性。然而,对于理想低通特性系统而言,其冲激响应为 $\dfrac{\sin x}{x}$ 波形。这个波形的特点是频谱窄,而且能达到理论上的极限传输速率 2 B/Hz,但其缺点是第一个零点以后的尾巴振荡幅度大、收敛慢,从而对定时要求十分严格。若定时稍有偏差,极易引起严重的码间串扰。当把基带传输系统总特性 $H(\omega)$ 设计成等效理想低通传输特性,例如采用升余弦频率特性时,其冲击响应的"尾巴"振荡幅度虽然减小了,对定时要求也可放松,但所需要的频带却加宽了,达不到 2 B/Hz 的速率(升余弦特性时为 1 B/Hz),即降低了系统的频带利用率。可见,高的频带利用率与"尾巴"衰减大、收敛快是相互矛盾的,这对于高速率的传输尤其不利。

那么,能否找到一种频带利用率既高,"尾巴"衰减又大、收敛又快的传输波形呢?下面将说明这种波形是存在的。通常把这种波形称为部分响应波形,利用这种波形进行传送的基带传输系统称为部分响应系统。

4.7.1 部分响应系统的基本原理

下面,先通过一个实例对部分响应系统的基本概念加以说明。

我们已经熟知,$\mathrm{Sa}(x) = \dfrac{\sin x}{x}$ 波形具有理想矩形频谱。现在,将两个时间上相隔一个码元 T_b 的 $\mathrm{Sa}(x)$ 波形相加,如图 4.6(a) 所示。

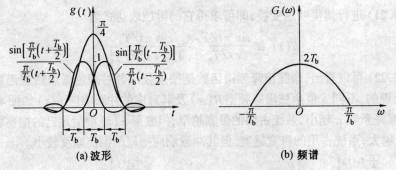

(a) 波形　　　　　　　　(b) 频谱

图 4.6　$g(t)$ 波形及其频谱

则相加后的波形 $g(t)$ 为

$$g(t) = \frac{\sin\dfrac{\pi}{T_b}\left(t + \dfrac{T_b}{2}\right)}{\dfrac{\pi}{T_b}\left(t + \dfrac{T_b}{2}\right)} + \frac{\sin\dfrac{\pi}{T_b}\left(t - \dfrac{T_b}{2}\right)}{\dfrac{\pi}{T_b}\left(t - \dfrac{T_b}{2}\right)} = \mathrm{Sa}\left[\frac{\pi}{T_b}\left(t + \frac{T_b}{2}\right)\right] + \mathrm{Sa}\left[\frac{\pi}{T_b}\left(t - \frac{T_b}{2}\right)\right]$$

(4.23)

经简化后得

第4章 数字基带传输系统

$$g(t) = \frac{4}{\pi}\left[\frac{\cos\frac{\pi t}{T_b}}{1-\left(\frac{4t^2}{T_b}\right)}\right] \tag{4.24}$$

由图 4.6(a) 可见,除了在相邻的取样时刻 $t = \pm T_b/2$ 处 $g(t) = 1$ 外,其余的取样时刻上,$g(t)$ 具有等间隔零点。

对式(4.23)进行傅里叶变换,可得 $g(t)$ 的频谱函数为

$$G(\omega) = \begin{cases} 2T_b\cos\frac{\omega T_b}{2} & (|\omega| \leq \frac{\pi}{T_b}) \\ 0 & (|\omega| > \frac{\pi}{T_b}) \end{cases} \tag{4.25}$$

显然,$g(t)$ 的频谱 $G(\omega)$ 限制在 $(-\pi/T_b, \pi/T_b)$ 内,且呈缓变的半余弦滤波特性,如图 4.6(b) 所示。

下面对 $g(t)$ 的波形特点做进一步讨论:

(1) 由式(4.24)可见,$g(t)$ 波形的拖尾幅度与 t^2 成反比,而 $\text{Sa}(x)$ 波形幅度与 t 成反比,这说明 $g(t)$ 波形比由理想低通形成的 $h(t)$ 衰减大,收敛也快。

(2) 若用 $g(t)$ 作为传送波形,且传送码元间隔为 T_b,则在抽样时刻仅发送码元与其前后码元相互干扰,而与其他码元不发生干扰,如图 4.7 所示。表面上看,由于前后码元的干扰很大,故似乎无法按 $1/T_b$ 的速率进行传送。但由于这种"干扰"是确定的,在收端可以消除掉,故仍可按 $1/T_b$ 传输速率传送码元。

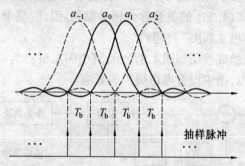

图 4.7 码元发生串扰的示意图

设输入的二进制码元序列为 $\{a_k\}$,并设 a_k 在抽样点上的取值为 $+1$ 和 -1,则当发送码元 a_k 时,接收波形 $g(t)$ 在抽样时刻的取值 c_k 可由下式确定

$$c_k = a_k + a_{k-1} \tag{4.26}$$

式中 a_{k-1}——a_k 前一码元在第 k 个时刻上的抽样值。

不难看出,c_k 将可能有 -2、0 及 $+2$ 三种取值。显然,如果前一码元 a_{k-1} 已经判定,则可由下式确定发送码元 a_k 的取值,即

$$a_k = c_k - a_{k-1} \tag{4.27}$$

从上面的例子看到,实际中确实能找到频带利用率高达 2 B/Hz 和尾巴衰减大、收敛也快的传送波形;而且还可看到,在上述例子中,码间串扰被利用(或者说被控制)。这说

明,利用存在一定码间串扰的波形,有可能达到充分利用频带和尾巴振荡衰减加快这样两个目的。

(3) 上述判决方法虽然在原理上是可行的,但可能会造成误码的"增殖"。因为,由式(4.27)容易看出,只要有一个码元发生错误,则这种错误会相继影响以后的码元,一直到再次出现传输错误时才能纠正过来。

4.7.2 实用的部分响应系统

下面介绍一种比较实用的部分响应系统。在这种系统里,接收端无须预先已知前一码元的判定值,而且也不存在误码传播现象。仍然以上面的例子来说明。

首先,将发送端的绝对码 a_k 变换为相对码 b_k,其规则为

$$b_k = a_k \oplus b_{k-1} \tag{4.28}$$

然后,把$\{b_k\}$送给发送滤波器形成由式(4.23)决定的部分响应波形 $g(t)$ 序列。于是,参照式(4.26)可得

$$c_k = b_k + b_{k-1} \tag{4.29}$$

显然,若对 c_k 进行模2(mod 2)处理,便可直接得到 a_k,即

$$[c_k]_{\mod 2} = [b_k + b_{k-1}]_{\mod 2} = b_k \oplus b_{k-1} = a_k$$

或

$$a_k = [c_k]_{\mod 2} \tag{4.30}$$

上述整个过程不需要预先知道 a_{k-1},故不存在错误增殖现象。通常,把 a_k 变成 b_k 的过程称为"预编码",而把式(4.26)的关系称为相关编码。因此,整个上述处理过程可概括为"预编码 - 相关编码 - 模2判决"过程。

上述部分响应系统组成框图如图4.8所示,其中图4.8(a)为原理框图,图4.8(b)为实际组成框图。为简明起见,图中没有考虑噪声的影响。

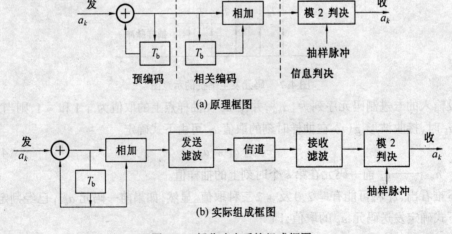

图 4.8 部分响应系统组成框图

4.7.3 一般形式的部分响应系统

上述讨论可以推广到一般的部分响应系统中去。一般地,部分响应波形是式(4.23)形式的推广

$$g(t) = R_1\text{Sa}\left(\frac{\pi}{T_b}t\right) + R_2\text{Sa}\left[\frac{T}{T_b}(t-T_b)\right] + \cdots + R_N\text{Sa}\left\{\frac{\pi}{T_b}[t-(N-1)T_b]\right\} \tag{4.31}$$

这是 N 个相继间隔 T_b 的波形之和,其中 $R_m(m=1,2,\cdots,N)$ 为 N 个冲激响应波形的加权系数,其取值可为正、负整数(包括取0值)。如前面所讨论的例子,是 $R_1 = R_2 = 1$,其余 R_m 为0时的特殊情况。

由式(4.31)可得,部分响应波形 $g(t)$ 的频谱函数 $G(\omega)$ 为

$$G(\omega) = \begin{cases} T_b \sum_{m=1}^{N} R_m e^{-j\omega(m-1)T_b} & (|\omega| \leq \frac{\pi}{T_b}) \\ 0 & (|\omega| > \frac{\pi}{T_b}) \end{cases} \tag{4.32}$$

目前常见的部分响应波形有五类,分别命名为 Ⅰ、Ⅱ、Ⅲ、Ⅳ、Ⅴ 类,其定义、波形、频谱及加权系数 R_m 示于表4.2。为了便于比较,将理想抽样函数 $\text{Sa}(x)$ 也列入表内,称其为0类。可以看出,前面讨论的例子属于 Ⅰ 类。

表4.2 常见的部分响应波形

类别	R_1	R_2	R_3	R_4	R_5	$g(t)$	$\|G(\omega)\|, \|\omega\| \leq \frac{\pi}{T_b}$	二进制输入时 c_k 的电平数
0	1						$G(\omega)$ 矩形,截止 $\frac{1}{2T_b}$	2
Ⅰ	1	1					$G(\omega)\ 2T_b\cos(\frac{\omega T_b}{2})$	3
Ⅱ	1	2	1				$G(\omega)\ 4T_b\cos^2(\frac{\omega T_b}{2})$	5
Ⅲ	2	1	-1				$G(\omega)\ 2T_b\cos^2(\frac{\omega T_b}{2})\sqrt{5-4\cos\omega T_b}$	5

续表 4.2

类别	R_1	R_2	R_3	R_4	R_5	$g(t)$	$\|G(\omega)\|, \|\omega\| \leq \dfrac{\pi}{T_b}$	二进制输入时 c_k 的电平数
IV	1	0	-1				$G(\omega) \quad 2T_b \sin\omega T_b$	3
V	-1	0	2	0	-1		$G(\omega) \quad 4T_b \sin^2\omega T_b$	5

从表 4.2 中可以看出,各类部分响应波形的频谱宽度均不超过理想低通的频带宽度,且频率截止缓慢,所以采用部分响应波形,能实现 2 B/Hz 的极限频带利用率,而且"尾巴"衰减大、收敛快。此外,部分响应系统还可实现基带频谱结构的变化。如表 4.2 中,各类 $g(t)$ 的频谱在 $1/2T_b$ 处为 0,并且有的频谱在零频率处也出现零点(见 IV、V 类),这为实际系统提供了有用的条件。例如,可在频谱的零点插入携带同步信息的导频,或者便于实现 SSB、VSB 调制等。在实际中,第 IV 类部分响应波形应用最多。

部分响应系统的缺点是当输入数据为 L 进制时,部分响应波形的相关编码电平数要超过 L 个,这样在输入信噪比相同条件下,部分响应系统的抗噪性能要比 0 类响应系统差。这表明,为了获得部分响应系统的优点,就需要付出一定代价(可靠性下降)。

4.8 眼 图

从理论上讲,一个基带传输系统的传递函数 $H(\omega)$ 只要满足

$$H_{eq}(\omega) = \sum_i H\left(\omega + \frac{2\pi i}{T_b}\right) = \begin{cases} 常数(比如\ T_b) & (|\omega| \leq \pi/T_b) \\ 0 & (|\omega| > \pi/T_b) \end{cases} \tag{4.33}$$

式(4.33)就可消除码间串扰。但在实际系统中要想做到这一点非常困难,甚至是不可能的,这是因为码间串扰与发送滤波器特性、信道特性、接收滤波器特性等因素有关。在工程实际中,如果部件调试不理想或信道特性发生变化,都可能使 $H(\omega)$ 改变,从而引起系统性能变坏。实践中,为了使系统达到最佳化,除了用专门精密仪器进行测试和调整外,大量的维护工作希望用简单的方法和通用仪器也能宏观监测系统的性能,观察眼图就是其中一个常用的实验方法。

4.8.1 眼图的概念

眼图是指利用实验的方法估计和改善(通过调整)传输系统性能时在示波器上观察到的一种图形。观察眼图的方法是:用一个示波器跨接在接收滤波器的输出端,然后调整

示波器扫描周期,使示波器水平扫描周期与接收码元的周期同步,这时示波器屏幕上看到的图形像人的眼睛,故称为"眼图"。从"眼图"上可以观察出码间串扰和噪声的影响,从而估计系统优劣程度;另外,也可以用此图形对接收滤波器的特性加以调整,以减小码间串扰和改善系统的传输性能。

4.8.2 眼图形成原理及模型

1. 无噪声时的眼图

为解释眼图和系统性能之间的关系,图4.9给出了无噪声情况下,无码间串扰和有码间串扰的眼图。

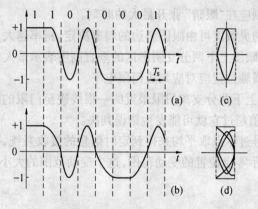

图4.9 基带信号波形及眼图

图4.9(a)是无码间串扰的双极性基带脉冲序列,用示波器观察它,并将水平扫描周期调到与码元周期 T_b 一致,由于荧光屏的余辉作用,扫描线所得的每一个码元波形将重叠在一起,形成如图4.9(c)所示的线迹细而清晰的大"眼睛";对于图4.9(b)是有码间串扰的双极性基带脉冲序列,由于存在码间串扰,此波形已经失真,当用示波器观察时,示波器的扫描迹线不会完全重合,于是形成的眼图线迹杂乱且不清晰,"眼睛"张开得较小,且眼图不端正,如图4.9(d)所示。

对比图4.9(c)和图4.9(d)可知,眼图的"眼睛"张开的大小反映码间串扰的强弱。"眼睛"张得越大,且眼图越端正,表示码间串扰越小;反之表示码间串扰越大。

2. 存在噪声时的眼图

当存在噪声时,噪声将叠加在信号上,观察到的眼图的线迹会变得模糊不清。若同时存在码间串扰,"眼睛"将张开得更小。与无码间串扰时的眼图相比,原来清晰端正的细线迹,变成了比较模糊的带状线,而且不很端正。噪声越大,线迹越宽,越模糊;码间串扰越大,眼图越不端正。

3. 眼图的模型

眼图对于展示数字信号传输系统的性能提供了很多有用的信息;可以从中看出码间串扰的大小和噪声的强弱,有助于直观地了解码间串扰和噪声的影响,评价一个基带系统的性能优劣;可以指示接收滤波器的调整,以减小码间串扰。为了说明眼图和系统性能的关系,把眼图简化为如图4.10所示的形状,称为眼图的模型。

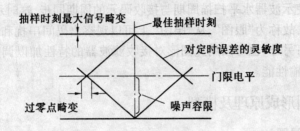

图 4.10 眼图的模型

该图具有如下的意义：

① 最佳抽样时刻应在"眼睛"张开最大的时刻。

② 对定时误差的灵敏度可由眼图斜边的斜率决定。斜率越大，对定时误差就越灵敏。

③ 在抽样时刻，眼图上下两分支阴影区的垂直高度表示最大信号畸变。

④ 眼图中央的横轴位置应对应判决门限电平。

⑤ 在抽样时刻，上下两分支离门限最近的一根线迹至门限的距离表示各相应电平的噪声容限，噪声瞬时值超过它就可能发生错误判决。

⑥ 对于利用信号过零点取平均来得到定时信息的接收系统，眼图倾斜分支与横轴相交的区域的大小，表示零点位置的变动范围，这个变动范围的大小对提取定时信息有重要的影响。

本章小结

数字基带信号在传输前需经过一些处理才能送入信道传输，其目的主要是使信号的特性和信道的特性相匹配，以及在接收端容易识别码元的起止时刻。

数字基带信号的特点是其频谱基本上是从零开始扩展到很宽，若要在带限信道上传输必须经过频谱搬移。常用数字基带信号有单、双极性波形及归零、不归零波形；传输线路码型有 AMI 码、HDB3 码、CMI 码、数字双相码和 5B6B 等。通过对它们的功率谱密度分析，了解各种信号频率分量及信号带宽，适合不同特性的信号选用。影响数字基带信号传输系统误码率的主要因素是码间串扰和信道噪声，奈奎斯特第一准则给出了无码间串扰的条件。使用最多的符合奈奎斯特第一准则的系统特性为升余弦特性，但它的频带利用率低于 2 B/Hz 的理想极限利用率。

为了减小信道的加性噪声对传输误码率的影响，要在接收端的抽样判决时注意选择最佳判决门限和最佳判决时间。由于实际信道特性很难预先知道，故码间串扰不可能完全消除。为了实现最佳化传输效果，常用眼图检测并调整系统性能。为了改善传输系统特性，可以在接收端加信道均衡器，也可以采用部分响应系统。

习　题

1. 设二进制符号序列为 1001100001110，试以矩形脉冲为例，分别画出相应的单极性波形、双极性波形、单极性归零波形、双极性归零波形、二进制差分波形。

2. 设随机二进制序列中的0和1分别由$g(t)$和$-g(t)$组成，它们的出现概率分别为p及$(1-p)$；

(1) 求其功率谱密度及功率；

(2) 若$g(t)$为如图4.11所示波形，T_s为码元宽度，问该序列是否存在离散分量$f_s = 1/T_s$？

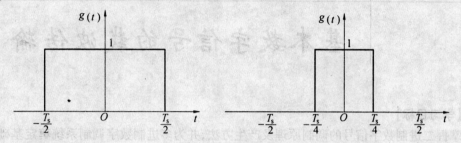

图 4.11

3. 已知信息代码为100000000011，试求相应的AMI码、HDB_3码、PST码及双相码。

4. 已知信息代码为1010000011000011，试确定相应的AMI码及HDB_3码。

5. 设某数字基带传输系统的传输特性$H(\omega)$如图4.12所示，其中α为某个常数$(0 \leq \alpha \leq 1)$：

(1) 试检验该系统能否实现无码间干扰传输？

(2) 试求该系统的最大码元传输速率为多少？这时的系统频带利用率为多大？

6. 某基带传输系统接收滤波器输出信号的基本脉冲为如图4.13所示的三角形脉冲。

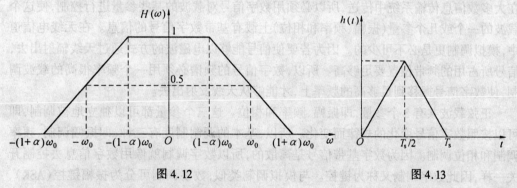

图 4.12　　　　　　　　　图 4.13

(1) 求该基带传输系统的传输函数$H(\omega)$；

(2) 假设信道的传输函数$C(\omega) = 1$，发送滤波器和接收滤波器具有相同的传输函数，即$G_T(\omega) = G_R(\omega)$，试求这时$G_T(\omega)$或$G_R(\omega)$的表达式。

第 5 章

基本数字信号的载波传输

【学习目标】
掌握二进制数字信号的调制原理及产生方法,并为多进制数字调制系统奠定基础。

【知识要点】
1. 二进制数字调制系统的原理。
2. 二进制数字调制系统的产生方法。
3. 二进制数字调制系统的误码率。

5.1 概 述

在现代通信系统中大部分传送数字信号,但是数字信号具有丰富的低频分量,不适合在大多数信息传输系统中传送,所以必须用数字信号对载波的某些参量进行控制,使这个载波的一个或几个参量(振幅、频率和相位)上载有基带数字信号的信息。在无线电信道中,模拟调制更是必不可少的。因为若要使信号能够以电磁波的方式通过天线辐射出去,信号所占用的频带位置要足够高。所以,数字信号的频谱必须用一个频率很高的载波调制,使数字信号搬移到足够高的频率上,才能够从天线发射出去。

正弦载波共有 3 个参量,即振幅、频率和相位。这三个参量都可以独立地被调制,即可以按照数字信号变化的规律而变化。所以,基本的调制制度有三种,即振幅调制、频率调制和相位调制。因为数字基带信号是离散的,所以数字调制就像用数字信息去控制开关一样,因此数字调制又称为键控。与模拟调制类似,数字调制可分为振幅键控(ASK)、移频键控(FSK)和移相键控(PSK)三种基本信号形式。

根据已调信号频谱结构特点的不同,数字调制也分为线性调制和非线性调制。对于线性调制,频谱结构和原基带信号的频谱结构基本相同,主要是所占用的频率位置搬移了。非线性调制的已调信号频谱结构和原基带信号的频谱结构就完全不同了,已不仅仅是简单的频谱平移,在已调信号频谱中通常会出现许多新的频率分量。上述振幅键控属于线性调制,而频移键控和相移键控则属于非线性调制。

已调信号在接收端需要解调,恢复成原来的基带信号。但是,恢复的信号由于噪声等原因,总有一定失真。失真的后果对于数字信号来说,就是误码。接收的方法可以分为两大类:相干接收和非相干接收。不同接收方法自然给出不同的误码率。误码率不仅和接收方法有关,更重要的是和发送端采用的调制制度有关。本章主要讨论这些基本的二进制数字调制和相应的解调方法。

已调信号除了用波形图形象地表示外,还可以用矢量图表示。由欧拉公式

$$e^{j\omega t} = \cos \omega t + j\sin \omega t \qquad (5.1)$$

可以看出,正弦形信号 $\cos \omega t$ 就是指数函数 $e^{j\omega t}$ 的实部。如图 5.1 所示。当 $t = t_1$ 时,$e^{j\omega t_1}$ 的水平分量等于信号 $\cos \omega t_1$,而其垂直分量则等于 $j\sin \omega t_1$,它是与信号正交的分量。在 $t = t_0 = 0$ 时刻,矢量位于水平位置,此时,$e^{j\omega t_0} = \cos \omega t_0 = 1$。所以这种旋转矢量和信号波形是一一对应的。用这种旋转矢量完全可以代表信号波形。

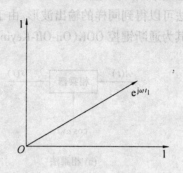

图 5.1 正弦信号矢量图

5.2 二进制振幅键控(2ASK)

5.2.1 基本原理

二进制振幅键控(2ASK)是利用数字信息"0"或"1"的基带矩形脉冲去键控一个连续的载波,使载波时断时续地输出。有载波输出时表示发送"1",无载波输出时表示发送"0",根据线性调制原理,单极性矩形脉冲与正弦型载波相乘为已调信号,即

$$s(t) = A(t)\cos(\omega_0 t + \theta) \qquad (0 < t \leq T) \qquad (5.2)$$

式中 ω_0——载波的角频率,$\omega_0 = 2\pi f_0$;

$A(t)$——随基带调制信号变化的时变振幅。

$$A(t) = \begin{cases} A & (\text{发送"1"时}) \\ 0 & (\text{发送"0"时}) \end{cases} \qquad (5.3)$$

式(5.3)中给出的基带信号码元 $A(t)$ 的波形是矩形脉冲。这种已调信号的波形如图 5.2 所示。

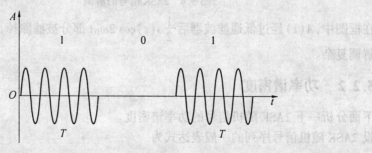

图 5.2 2ASK 信号波形

产生二进制振幅键控信号的方法，或称调制方法，主要有两种：第一种方法采用相乘电路，如图 5.3(a) 所示，用基带信号 $A(t)$ 和载波 $\cos\omega_0 t$ 相乘就得到已调信号输出。第二种方法是采用开关电路，如图 5.3(b) 所示，这里的开关由输入基带信号 $A(t)$ 控制，用这种方法可以得到同样的输出波形。由于振幅键控的输出波形是断续的正弦波形，所以有时也称其为通断键控 OOK(On-Off-Keying)。

(a) 相乘法　　(b)开关法

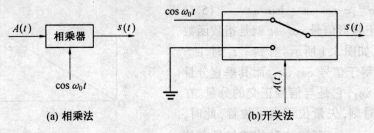

图 5.3　2ASK 信号调制器方框图

2ASK 信号的解调方法主要有包络解调法和相干解调法。图 5.4(a) 为一种包络检波法解调器的原理方框图，图中的整流器和低通滤波器构成一个包络检波器。图 5.4(b) 为一种相干解调器的原理方框图。因为在相干解调法中相乘电路需要有相干载波 $\cos\omega_0 t$，它必须从接收信号中提取，并且和接收信号的载波同频同相。解调原理的公式为

$$z(t) = s(t)\cdot\cos\omega_0 t\cdot\cos\omega_0 t = s(t)\cdot\frac{1}{2}\cdot(1+\cos 2\omega_0 t) =$$

$$\frac{1}{2}s(t) + \frac{1}{2}s(t)\cos 2\omega_0 t \tag{5.4}$$

(a) 包络检波

(b) 相干解调

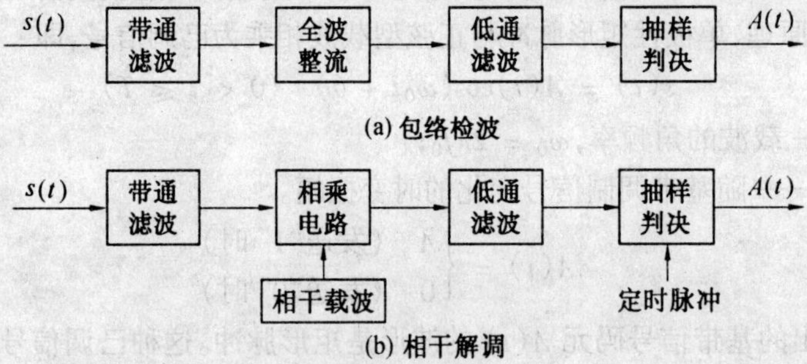

图 5.4　2ASK 信号的解调

在框图中，$A(t)$ 经过低通滤波器后 $\frac{1}{2}s(t)\cos 2\omega_0 t$ 部分被滤除掉，所以这种方法要比包络解调复杂。

5.2.2　功率谱密度

下面分析一下 2ASK 随机信号的功率谱密度。

设 2ASK 随机信号序列的一般表达式为

$$s(t) = A(t)\cos\omega_0 t = \left[\sum_{n=-\infty}^{\infty} a_n g(t-nT)\right]\cos\omega_0 t \tag{5.5}$$

式中　a_n—— 二进制单极性随机振幅；

第5章 基本数字信号的载波传输

$g(t)$——码元波形；

T——码元持续时间。

则由功率谱密度定义可以计算出：

$$P_s(f) = \frac{1}{4}[P_A(f+f_0) + P_A(f-f_0)] \tag{5.6}$$

因此，求出 $P_A(f)$，就可以求出 $P_s(f)$。根据第4章相关知识可知，二进制随机基带信号的功率谱密度为

$$P_A(f) = f_c p(1-p)|G_1(f) - G_2(f)|^2 + \sum_{n=-\infty}^{\infty}|f_c[pG_1(mf_c) + (1-p)G_2(mf_c)]|^2 \delta(f-mf_c) \tag{5.7}$$

式中 $G_1(f)$、$G_2(f)$——基带信号码元 $g_1(t)$ 和 $g_2(t)$ 的频谱。

现在的 $g_1(t) = 0$，所以式(5.7)变成：

$$P_A(f) = f_c p(1-p)|G(f)|^2 + f_c^2(1-p)^2 \sum_{n=-\infty}^{\infty}|G(mf_c)|^2 \delta(f-mf_c) \tag{5.8}$$

基带信号码元波形是矩形脉冲，$m \neq 0$ 时，$G(mf_c) = 0$。所以式(5.8)变成：

$$P_A(f) = f_c p(1-p)|G(f)|^2 + f_c^2(1-p)^2|G(0)|^2 \delta(f) \tag{5.9}$$

将式(5.9)代入式(5.6)，得到2ASK信号的功率谱密度：

$$P_s(f) = \frac{1}{4}f_c p(1-p)[|G(f+f_0)|^2 + |G(f-f_0)|^2] + \frac{1}{4}f_c^2(1-p)^2|G(0)|^2[\delta(f+f_0) + \delta(f-f_0)]$$

当 $p = \frac{1}{2}$ 时，则变为

$$P_s(f) = \frac{1}{16}f_c[|G(f+f_0)|^2 + |G(f-f_0)|^2] + \frac{1}{16}f_c^2|G(0)|^2[\delta(f+f_0) + \delta(f-f_0)]$$

由于 $G(f) = T\dfrac{\sin \pi fT}{\pi fT}$，所以有

$$|G(f+f_0)| = T\left|\frac{\sin \pi(f+f_0)T}{\pi(f+f_0)T}\right|$$

$$|G(f-f_0)| = T\left|\frac{\sin \pi(f-f_0)T}{\pi(f-f_0)T}\right|$$

代入上式，最终功率谱密度表达式为

$$P_s(f) = \frac{T}{16}\left[\left|\frac{\sin \pi(f+f_0)T}{\pi(f+f_0)T}\right|^2 + \left|\frac{\sin \pi(f-f_0)T}{\pi(f-f_0)T}\right|^2\right] + \frac{1}{16}[\delta(f+f_0) + \delta(f-f_0)] \tag{5.10}$$

按照式(5.10)画出功率谱密度 $P_s(f)$ 曲线，如图5.5所示。

根据分析和曲线可以得出以下结论：

①2ASK信号的功率谱由连续谱和离散谱组成，连续谱是基带调制信号谱；离散谱取决于载波频率。

②2ASK信号的带宽等于基带信号带宽的两倍。

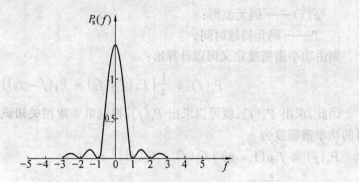

图 5.5 2ASK 信号功率谱密度

5.2.3 误码率

2ASK 解调方法有两种,即相干解调法和包络解调法。经过带通滤波后的接收信号和噪声为

$$y(t) = s(t) + n(t)$$

$$s(t) = \begin{cases} A\cos\omega_0 t & \text{(发送"1"时)} \\ 0 & \text{(发送"0"时)} \end{cases}$$

$$n(t) = n_c(t)\cos\omega_0 t - n_s(t)\sin\omega_0 t$$

将 $s(t)$、$n(t)$ 代入 $y(t)$ 表达式,得

$$y(t) = \begin{cases} A\cos\omega_0 t + n_c(t)\cos\omega_0 t - n_s(t)\sin\omega_0 t & \text{(发送"1"时)} \\ n_c(t)\cos\omega_0 t - n_s\sin\omega_0 t & \text{(发送"0"时)} \end{cases}$$

下面分别讨论上述两种解调方法的误码率。

1. 相干解调法

由于 $n_c(t)$ 是高斯过程,因此当发送"1"时,一维概率密度为

$$f_1(x) = \frac{1}{\sigma_n \sqrt{2\pi}} \exp\left[-\frac{(x-a)^2}{2\sigma_n^2}\right] \tag{5.11}$$

发送"1"时,曲线如图 5.6(a) 所示。

而当发送"0"时,$n_c(t)$ 的一维概率密度为

$$f_0(x) = \frac{1}{\sigma_n \sqrt{2\pi}} \exp\left(-\frac{x^2}{2\sigma_n^2}\right) \tag{5.12}$$

发送"0"时,其曲线如图 5.6(b) 所示。

若令判决门限电平值为 b,则可以看出发送码元"1"错判为"0"的概率图分布,同理,也可求得发送码元"0"错判为"1"的概率图分布。

如果将 $f_1(x)$ 与 $f_0(x)$ 的曲线合画在同一个图中,如图 5.6(c) 所示,则系统总误码率等于斜线区总面积的一半。显然,误码率 P_e 与判决门限 b 有关。最终得到 2ASK 系统的总误码率为

$$P_e = \frac{1}{2}\text{erfc}\left(\frac{\sqrt{r}}{2}\right) \tag{5.13}$$

当 $r \gg 1$ 时,有 $\text{erfc}(x) = \dfrac{1}{x\sqrt{\pi}} e^{-x^2}$,于是式(5.13)变为

$$P_e = \dfrac{1}{\sqrt{\pi r}} e^{-r/4} \tag{5.14}$$

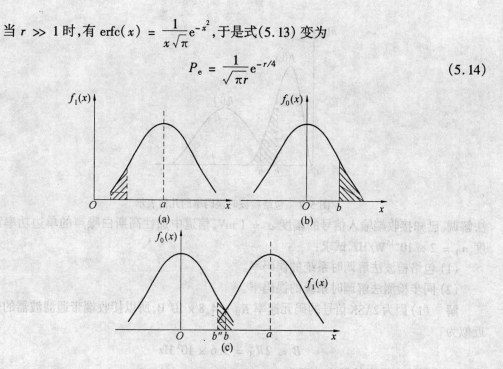

图 5.6　相干解调法误码率的几何表示

2. 包络解调法

包络检波法中整流器的输出,经过低通滤波后,是其输入电压 $y(t)$ 的包络。此包络电压为

$$V(t) = \begin{cases} \sqrt{[A + n_c(t)]^2 + n_s^2(t)} & \text{（发送"1"时）} \\ \sqrt{n_c^2(t) + n_s^2(t)} & \text{（发送"0"时）} \end{cases}$$

它经过抽样后按照规定的门限电压做判决,从而确定接收码元是"1"还是"0"。假定判决门限值等于 b,并规定当 $V > b$ 时,判为收到"1";当 $V \leqslant b$ 时,则判为收到"0"。2ASK信号包络检波法误码率曲线如图5.7所示。由图可见,当归一化门限值 b 位于两条曲线相交之处时,阴影面积最小。最佳门限值可以解得

$$r = \dfrac{A^2}{2\sigma_n^2}$$

最后得到2ASK信号采用包络检波时误码率为

$$P_e = \dfrac{1}{4} \text{erfc}\left(\dfrac{\sqrt{r}}{2}\right) + \dfrac{1}{2} e^{-r/4} \tag{5.15}$$

因为当 $x \to \infty$ 时,$\text{erfc}(x) \to 0$,故式中 $r \to \infty$ 时,可变为

$$P_e = \dfrac{1}{2} e^{-r/4} \tag{5.16}$$

在大信噪比的情况下,2ASK包络解调与相干解调误码率公式相比较,可以看出,这两种解调方法的抗噪声性能相差并不多。

【例5.1】　设某2ASK信号的码元速率 $R_B = 4.8 \times 10^6$ B,采用包络检波法或同步检测

通信原理

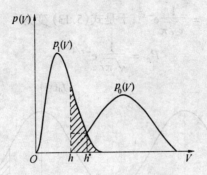

图 5.7 包络检波时误码率的几何表示

法解调。已知接收端输入信号的幅度 $a = 1$ mV,信道中加性高斯白噪声的单边功率谱密度 $n_0 = 2 \times 10^{-15}$ W/Hz。试求:

(1) 包络检波法解调时系统的误码率。
(2) 同步检测法解调时系统的误码率。

解 (1) 因为 2ASK 信号的码元速率 $R_B = 4.8 \times 10^6$ B,所以接收端带通滤波器的带宽近似为

$$B \approx 2R_B = 9.6 \times 10^6 \text{ Hz}$$

带通滤波器输出噪声的平均功率为

$$\sigma_n^2 = n_0 B = 1.92 \times 10^{-8} \text{W}$$

解调器输入信噪比为

$$r = \frac{a^2}{2\sigma_n^2} = \frac{10^{-6}}{2 \times 1.92 \times 10^{-8}} \approx 26 \gg 1$$

于是,根据式(5.16)可得包络检波法解调时系统的误码率为

$$P_e = \frac{1}{2} e^{-r/4} = \frac{1}{2} e^{-6.5} = 7.5 \times 10^{-4}$$

(2) 同理,根据式(5.14)可得同步解调法解调时,系统的误码率为

$$P_e = \frac{1}{\sqrt{\pi r}} e^{-r/4} = \frac{1}{\sqrt{3.141 \times 26}} e^{-6.5} = 1.67 \times 10^{-4}$$

5.2.4 2ASK 简易实现法

产生 2ASK 信号的一种方法是键控法,如图 5.8(a) 所示。最简单的方法是用一个电键来控制振荡器的输出而获得,因此 2ASK 又称为 OOK。目前是用各种形式受基带信号控制的电子开关代替电键,实现键控产生 2ASK 信号。在这里采用的是 CD4066 模拟开关,可传输数字信号和模拟信号,模拟信号的上限频率为 40 MHz,各个开关间的串扰很小。具体关于 CD4066 芯片的内容可查找芯片的相关书籍。

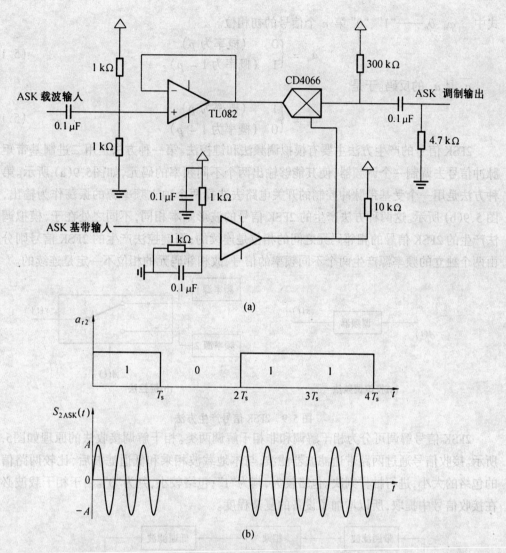

图 5.8 2ASK 信号产生电路图及波形图

5.3 二进制移频键控(2FSK)

5.3.1 基本原理

移频键控是利用载波的频率变化来传递数字信息的。国际上规定:在 200～1 200 b/s 的速率内,用 2FSK 在一个话路频带内传送数据。在二进制情况下,"0"对应于载波频率 ω_1,"1"对应于载波频率 ω_2,而且 ω_1 和 ω_2 之间的改变是瞬间完成的。二进制移频键控如同两个不同频率交替发送的 ASK 信号,因此已调信号的时域表达式为

$$e_0(t) = \sum_n a_n g(t - nT_s)\cos(\omega_1 t + \varphi_n) + \sum_n \overline{a_n} g(t - nT_s)\cos(\omega_2 t + \theta_n) \quad (5.17)$$

式中 φ_n、θ_n——"1"、"0"第 n 个信号的初相位。

$$a_n = \begin{cases} 0 & (\text{概率为 } p) \\ 1 & (\text{概率为 } 1-p) \end{cases} \tag{5.18}$$

$\overline{a_n}$ 是 a_n 的反码。于是

$$\overline{a_n} = \begin{cases} 1 & (\text{概率为 } p) \\ 0 & (\text{概率为 } 1-p) \end{cases} \tag{5.19}$$

2FSK 信号的产生方法主要有模拟调频法和键控法。第一种方法是用二进制基带矩形脉冲信号去调制一个调频器，使其能够输出两个不同频率的码元，如图5.9(a)所示。第二种方法是用一个受基带脉冲控制的开关电路去选择两个独立频率源的振荡作为输出，如图 5.9(b) 所示。这两种方法产生的 2FSK 信号的波形基本相同，不同之处在于，模拟调频法产生的 2FSK 信号的相邻码元之间的相位是连续的；而键控法产生的 2FSK 信号则分别由两个独立的频率源产生两个不同频率的信号，故相邻码元的相位不一定是连续的。

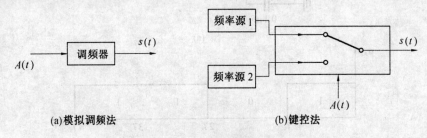

图 5.9　2FSK 信号产生方法

2FSK 信号解调可分为相干解调和非相干解调两类。相干解调接收法的原理如图5.10 所示。接收信号通过两路带通滤波器滤波，与本地载波相乘和低通滤波后，比较两路信号的包络的大小，进行抽样判决。包络较大，判为"1"；包络较小，判为"0"。由于相干载波必须在接收信号中提取，所以增加了设备的复杂程度。

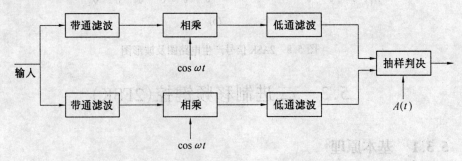

图 5.10　2FSK 相干解调法

非相干解调主要有包络检波法、过零检测法、锁相环法等，主要介绍包络检波法和过零检测法。包络检波法如图 5.11 所示。其判断准则也是比较两个支路信号包络的大小。过零检测法如图 5.12(a) 所示。2FSK 信号的过零点数随频率的不同而不同，因而检测出过零点数就可以得到载频的差异，进一步得到调制信号的信息。在图中接收信号经过带通滤波器后，被放大、限幅，得到矩形脉冲序列；再经过微分和整流，变成一系列窄脉冲，它们的位

置正好对应原矩形脉冲的过零点,因此,其数量也和过零点的数目相同。把这些窄脉冲变换成较宽的矩形脉冲,以增大其直流分量;然后经过低通滤波,提取出此直流分量。这样,直流分量的大小就和码元频率的高低成正比,从而解调出原发送信号。过程波形如图5.12(b)所示。

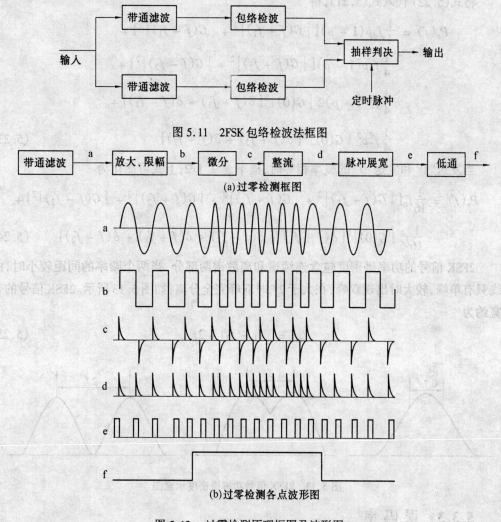

图 5.11　2FSK 包络检波法框图

(a) 过零检测框图

(b) 过零检测各点波形图

图 5.12　过零检测原理框图及波形图

5.3.2　功率谱密度

2FSK 信号可以视为两个频率分别为 f_1 和 f_2 的 ASK 信号的叠加,因此其功率谱密度可以较简单地从 2ASK 信号的功率谱密度推导出。

设 2FSK 时域信号表示为

$$s(t) = A_1(t)\cos \omega_1 t + A_2(t)\cos \omega_2 t \tag{5.20}$$

频域信号为

$$P_s(f) = \frac{1}{4}[P_1(f+f_1) + P_1(f-f_1)] + \frac{1}{4}[P_2(f+f_2) + P_2(f-f_2)] \quad (5.21)$$

基带信号的功率谱密度 $P_1(f)$ 为

$$P_1(f) = f_c p(1-p)|G(f)|^2 + f_c^2(1-p)^2|G(0)|^2\delta(f) \quad (5.22)$$

将式(5.22)代入式(5.21),得

$$P_s(f) = \frac{1}{4}f_c p(1-p)[|G(f+f_1)|^2 + |G(f-f_1)|^2] +$$
$$\frac{1}{4}f_c p(1-p)[|G(f+f_2)|^2 + |G(f-f_2)|^2] +$$
$$\frac{1}{4}f_c^2(1-p)2|G(0)|^2[\delta(f+f_1) + \delta(f-f_1)] +$$
$$\frac{1}{4}f_c^2 p^2|G(0)|^2[\delta(f+f_2) + \delta(f-f_2)] \quad (5.23)$$

当发送"1"和发送"0"的概率相等时,概率 $p = 1/2$,上式可简化为

$$P_s(f) = \frac{1}{16}f_c[|G(f+f_1)|^2 + |G(f-f_1)|^2 + |G(f+f_2)|^2 + |G(f-f_2)|^2] +$$
$$\frac{1}{16}f_c^2|G(0)|^2[\delta(f+f_1) + \delta(f-f_1) + \delta(f+f_2) + \delta(f-f_2)] \quad (5.24)$$

2FSK信号的功率谱密度包含连续谱和离散谱两部分,当两个频率的间距较小时,曲线只有单峰,较大时出现双峰,在大于 $2f_c$ 时双峰完全分离,如图5.13所示。2FSK信号的带宽约为

$$\Delta f = |f_1 - f_2| + 2f_c \quad (5.25)$$

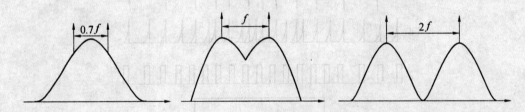

图5.13 2FSK信号功率谱密度示意图

5.3.3 误码率

设2FSK系统的发送信号在一个码元时间 T_s 内的波形为

$$s_T(t) = \begin{cases} A\cos\omega_1 t & (\text{发送"1"时}) \\ A\cos\omega_2 t & (\text{发送"0"时}) \end{cases}$$

对于2FSK信号的解调同样可以采用包络检波法和相干解调法,每个系统用两个带通滤波器来区分中心频率为 ω_1 和 ω_2 的信号码元。则输出电压波形可表示为

$$y(t) = \begin{cases} A\cos\omega_1 t + n(t) & (\text{发送"1"时}) \\ A\cos\omega_2 t + n(t) & (\text{发送"0"时}) \end{cases}$$

下面分别介绍包络检波和相干解调系统抗噪声性能。

1. 包络检波系统性能

假设$(0, T_s)$时间内所发送的码元为"1",则这时送入抽样判决器的两路输入包络信号分别为

$$V_1(t) = \sqrt{[a + n_c(t)]^2 + n_s^2(t)}$$

$$V_2(t) = \sqrt{n_c^2(t) + n_s^2(t)}$$

发送码元"0"时两包络信号分别为

$$V_1(t) = \sqrt{n_c^2(t) + n_s^2(t)}$$

$$V_2(t) = \sqrt{[a + n_c(t)]^2 + n_s^2(t)}$$

由上面式子比较,所得误码率具有完全相同的结果 $P_{e1} = P_{e2}$,因此只需要计算发送码元"1"时的误码率即可。

根据讨论可知,$V_1(t)$的一维概率分布为广义瑞利分布,而$V_2(t)$的一维概率分布为瑞利分布。在判决时,当$V_1(t)$的取样值V_1小于$V_2(t)$的取样值V_2时,则发生错误判决。最终,2FSK 信号传输包络接收系统的总误码率为

$$P_e = \frac{1}{2} e^{-\frac{r}{2}} \tag{5.26}$$

2. 相干解调系统性能

接收 2FSK 信号经相干载波相乘,并经低通滤波,输入到判决器的两路信号的码元为"1"时:

$$\begin{cases} x_1(t) = a + n_{1c}(t) \\ x_2(t) = n_{2c}(t) \end{cases}$$

在码元为"0"时

$$\begin{cases} x_1(t) = n_{1c}(t) \\ x_2(t) = a + n_{2c}(t) \end{cases}$$

信号为码元"1"时,抽样值$x_1 = a + n_{1c}$是均值为a,方差为σ_n^2的高斯变量;抽样值$x_2 = n_{2c}$是均值为0,方差为σ_n^2的高斯变量。抽样判决器对两路信号的判决只需比较它们抽样值的大小,若抽样值$x_1 > x_2$,则判为"1"码;反之,则判为"0"码。即在大信噪比条件下,2FSK 系统总的误码率为

$$P_e = \frac{1}{\sqrt{2\pi r}} e^{-\frac{r}{2}} \tag{5.27}$$

在大信噪比条件下,2FSK 系统的相干解调和非相干解调在性能上相差不大,但采用同步相干解调时,设备却要复杂得多。

【例 5.2】 采用二进制移频键控方式在有效带宽为 2 400 Hz 信道上传送二进制数字信息。已知 2FSK 信号的两个频率:$f_1 = 2\ 025$ Hz,$f_2 = 2\ 225$ Hz,码元速率 $R_B = 300$ B,信

道输出端的信噪比为 6 dB。试求:

(1) 2FSK 信号的第一零点带宽;

(2) 采用包络检波法解调时系统的误码率;

(3) 采用相干解调法时系统的误码率。

解 (1) 根据式(5.25),该 2FSK 信号的带宽为

$$\Delta f \approx |f_1 - f_2| + 2f_s = 800 \text{ Hz}$$

(2) 因码元速率为 300 B,上下支路的带宽近似为

$$B \approx 2f_s = 600 \text{ Hz}$$

又因为已知信道有效带宽为 2 400 Hz,它是支路带通滤波器带宽的 4 倍,所以输出信噪比 r 比输入信噪比提高了 4 倍。又由于输入信噪比为 6 dB($10^{0.6} \approx 4$,即 4 倍),故带通滤波器输出信噪比应为

$$r = 4 \times 4 = 16$$

可得包络检波法解调时系统的误码率为

$$P_e = \frac{1}{2}e^{-\frac{r}{2}} = \frac{1}{2}e^{-8} = 1.68 \times 10^{-4}$$

(3) 同理可得,相干解调时系统的误码率为

$$P_e = \frac{1}{\sqrt{2\pi r}}e^{-\frac{r}{2}} = 3.17 \times 10^{-5}$$

5.3.4 2FSK 信号的简易实现

2FSK 信号的产生有模拟调频法和键控法。模拟调频法是利用数字基带信号控制压控振荡器的输出频率。键控法是两个独立的振荡源作为两个频率的载波发生器,它们受控于输入的二进制信号,二进制信号通过门电路控制其中的一个载波信号通过。其原理如图 5.14 所示。

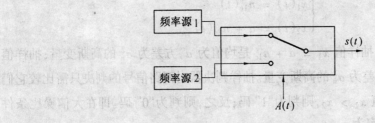

图 5.14 键控法实现 2FSK 信号原理图

按照键控法来实现,其电路如图 5.15(a) 所示,波形图如图 5.15(b) 所示。

第 5 章 基本数字信号的载波传输

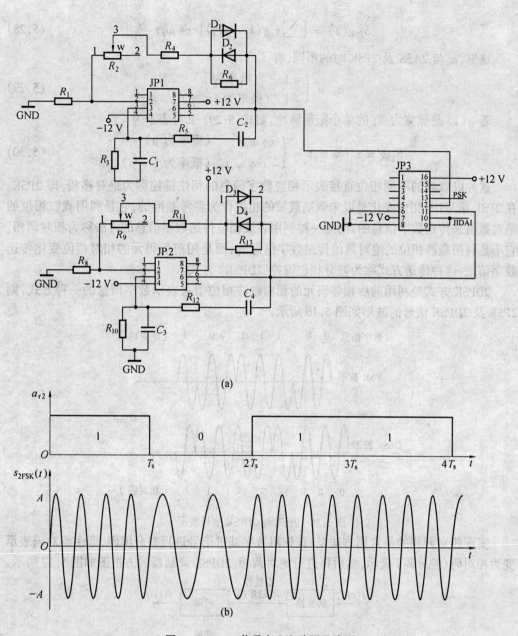

图 5.15 2FSK 信号产生电路图及波形

5.4 二进制移相键控及差分移相键控(2PSK 及 2DPSK)

5.4.1 基本原理

二进制移相键控中,载波的相位随调制信号"1"或"0"而改变,通常用相位 0° 和 180° 来分别表示"1"或"0"。二进制相移键控已调信号的时域表达式为

$$S_{\text{PSK}}(t) = \left[\sum_n a_n g(t - nT_s)\right] \cos \omega_c t \qquad (5.28)$$

这里,a_n与2ASK及2FSK时的不同,有

$$a_n = \begin{cases} +1 & (\text{概率为 } p) \\ -1 & (\text{概率为 } 1-p) \end{cases} \qquad (5.29)$$

若$g(t)$是脉宽为T_s的单个矩形脉冲,则式(5.29)又可表示为

$$S_{\text{PSK}} = \pm \cos \omega_c t = \begin{cases} \cos \omega_c t & (\text{概率为 } p) \\ -\cos \omega_c t & (\text{概率为 } 1-p) \end{cases} \qquad (5.30)$$

这种以载波的不同相位直接表示相应数字信息的相位键控称为绝对移相,即2PSK。在2PSK信号中,相位变化是以未调制载波的相位作为参考基准的,它是利用载波相位的绝对数值来传送数字信息的。而另一种利用载波相位传送数字信息的方法称为相对调相,它不是利用载波相位的绝对数值传送数字信息的,而是用前后码元的相对相位变化传送数字信息。这种传送方式称为差分相位键控(2DPSK)方式。

2DPSK方式是利用前后相邻码元的相对载波相位值去表示数字信息的一种方式,则2PSK及2DPSK信号的波形如图5.16所示。

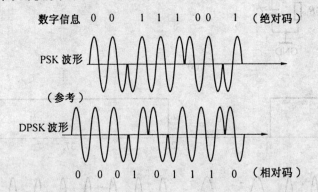

图5.16 2PSK与2DPSK信号波形

实现相对调相的最常用方法是:首先对数字基带信号进行差分编码,即由绝对码表示变为相对码(差分码)表示,然后再进行绝对调相。2DPSK调制器的方框图如图5.17所示。

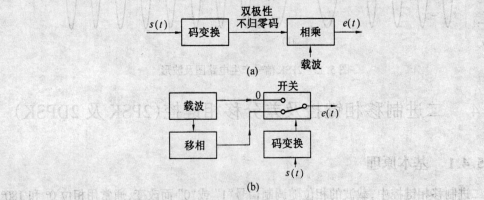

图5.17 2DPSK调制器

由于 2DPSK 中,数字信息是用前后码元已调信号的相位变化来表示的,因此用有相位模糊度的载波进行相干解调时并不影响相对关系。虽然解调得到的相对码完全是 0、1 倒置,但经差分译码得到的绝对码不会发生任何倒置现象,从而克服了载波相位模糊度的问题。2DPSK 的相干解调器如图 5.18 所示。

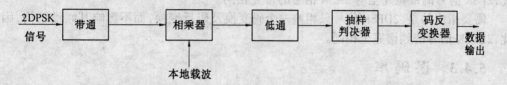

图 5.18 2DPSK 信号的相干解调

2DPSK 信号的另一种解调方法是差分相干解调,其方框图如图 5.19 所示。用这种方法解调时不需要恢复本地载波,只需将 2DPSK 信号延时一个码元间隔 T_s,然后与 2DPSK 信号本身相乘。相乘结果反映了前后码元的相对相位关系,经低通滤波后可直接抽样判决恢复出原始数字信息,而不需要差分译码。只有 2DPSK 信号才能采用这种方法解调,因为它的相位变化基准是前一个码元的载波相位,而不是未调载波的相位。

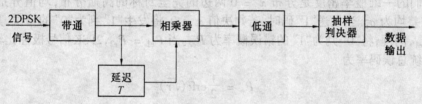

图 5.19 2DPSK 差分相干解调

采用差分相干解调的相对调相除了不需要相干载波外,在抗频漂能力、抗多径效应及抗相位慢抖动能力方面均优于采用相干解调的绝对调相。

5.4.2 功率谱密度

根据式(5.28)可知,与式(5.5)的形式完全相同,只是 a_n 的取值不同,因此在求 2PSK 信号的功率谱密度时,也可以采用求 2ASK 信号功率谱密度相同的方法。

2PSK 信号功率谱密度可写成

$$P_E(f) = \frac{1}{4}[P_s(f+f_c) + P_s(f-f_c)] \tag{5.31}$$

由于 $g(t)$ 是双极性矩形脉冲信号,式(5.31)变为

$$P_E(f) = f_s p(1-p)[|G(f+f_c)|^2 + |G(f-f_c)|^2] + \frac{1}{4}f_s^2(1-2p)2|G(0)|^2[\delta(f+f_c)+\delta(f-f_c)] \tag{5.32}$$

当概率相等时,$p = \frac{1}{2}$,上式又变为

$$P_E(f) = \frac{1}{4}f_s[|G(f+f_c)|^2 + |G(f-f_c)|^2] \tag{5.33}$$

由式(5.10)得

$$P_E(f) = \frac{T_s}{4} \left[\left| \frac{\sin\pi(f+f_c)T_s}{\pi(f+f_c)T_s} \right|^2 + \left| \frac{\sin\pi(f-f_c)T_s}{\pi(f-f_c)T_s} \right|^2 \right] \tag{5.34}$$

由式(5.34)分析可知,2PSK 信号频谱同样由连续谱和离散谱构成。当双极性信号等概率出现时,将不存在离散谱部分,同时连续谱结构与 ASK 信号连续谱结构基本相同。因此,2PSK 信号的带宽完全与 2ASK 信号的带宽相同。

需要指出的是,2DPSK 信号只相差一个码变换及码反变换,而不影响其频谱结构,因此,2DPSK 信号的频谱完全相同。

5.4.3 误码率

前面讨论过 2PSK 信号和 2DPSK 信号解调过程,对于 2PSK 信号通常用极性比较法(即同步检测法),对于 2DPSK 信号则采用相位比较法(即差分相干检测法)。

1. 2PSK 系统极性比较法

在一个码元持续时间内,可直接写出低通滤波器输出波形为

$$x(t) = \begin{cases} a + n_c(t) & (\text{发送"1"码}) \\ -a + n_c(t) & (\text{发送"0"码}) \end{cases} \tag{5.35}$$

它们的一维概率密度是分布 $x=0$ 两边的完全对称的高斯分布,均值分别为 a 和 $-a$,方差均为 σ_n^2。当发送"1"码时,若判决值 $x<0$,将发生"1"判为"0"的错误,其错误概率为 P_{e1},同理,将"0"判为"1"的错误概率为 P_{e2}。当 $P_{e1} = P_{e2}$,2PSK 信号极性比较法解调时的系统总误码率为

$$P_e = \frac{1}{2}\text{erfc}(\sqrt{r}) \tag{5.36}$$

在大信噪比情况下

$$P_e \approx \frac{1}{2\sqrt{\pi r}}e^{-r} \tag{5.37}$$

2. 2DPSK 系统相位比较法

2DPSK 系统相位比较法如图 5.19 所示。相位比较法与极性比较法重要区别在于前者的参考信号不再像后者那样具有固定的载频和相位,此时它是受到加性噪声干扰的。因此,设在一个码元时间内发送的是"1"码,且令前一个码元也为"1"码,则在鉴相器的两路波形为

$$\begin{cases} y_1(t) = [a + n_{1c}(t)]\cos\omega_c t - n_{1s}(t)\sin\omega_c t \\ y_2(t) = [a + n_{2c}(t)]\cos\omega_c t - n_{2s}(t)\sin\omega_c t \end{cases}$$

理想鉴相器为相乘 – 低通滤波器,则输出为

$$x(t) = \frac{1}{2}\{[a + n_{1c}(t)] \cdot [a + n_{2c}(t)] + n_{1s}(t)n_{2s}(t)\}$$

对 $x(t)$ 进行抽样判决,$x>0$ 判为"1"码,$x<0$ 判为"0"码。

最终,2DPSK 系统相位比较法总误码率为

$$P_e = \frac{1}{2}e^{-r} \tag{5.38}$$

5.4.4 2PSK 信号的简易实现

二进制移相键控是用二进制信号"0"和"1"去控制载波的两个相位 0 和 π 的方法。将

载波信号送入模拟开关(CD4066)的11脚、12脚,接经过反相的正弦波,NRZ码控制模拟开关的开与断,当为高电平时输出正弦波,当为低电平时输出反相的正弦波。这样就完成了PSK的调制,如图5.20所示。2PSK信号产生波形如图5.21所示。

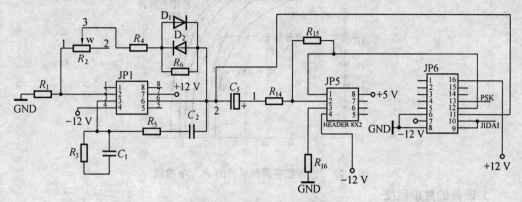

图 5.20 2PSK 信号的调制原理图

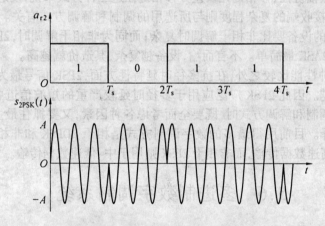

图 5.21 2PSK 信号产生波形

5.5 二进制数字调制系统的性能比较

1. 频带宽度

当码元宽度为 T_s 时,2ASK 系统和 2PSK 的第一零点带宽为 $\frac{2}{T_s}$,2FSK 系统的第一零点带宽为 $|f_1 - f_2| + \frac{2}{T_s}$。因此从频带利用率的角度看,2FSK 系统频带利用率不如前两者高。

2. 误码率

对于 2ASK、2FSK、2PSK 系统相干解调时,在相同误码率条件下,在信噪比要求上,2PSK 比 2FSK 小 3 dB,2FSK 比 2ASK 小 3 dB,因此在抗加性高斯白噪声方面,相干 2PSK 性能最好,2FSK 性能次之,2ASK 性能最差。2PSK 系统抗噪声性能优于 2DPSK 系统,但它有反向工作现象,故在实际工程中广泛应用 2DPSK 系统。三种数字调制系统的 $P_e - r$ 曲线如图5.22所示。

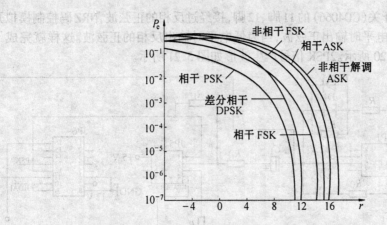

图 5.22 三种数字调制系统的 $P_e - r$ 曲线

3. 设备的复杂程度

对于二进制振幅键控、移相键控及差分移相键控这三种方式来说,发送端设备的复杂程度相差不多,而接收端的复杂程度则与所选用的调制和解调方式有关。对于同一种调制方式,相干解调的设备要比非相干解调时复杂;而同为非相干解调时,2DPSK 的设备最复杂,2FSK 次之,2ASK 最简单。不言而喻,设备越复杂,其造价就越高。

除了以上三种性能比较之外,在抗多径时延特性方面,2PSK 信号最为敏感,而 2FSK 信号性能较为优越。因此 2FSK 广泛应用于多径时延较严重的短波信道中。综上所述,要选择一种数字调制和解调方式时,既要全面考虑各种因素,又要抓住最主要的要求,才能做出最佳的选择。目前用得最多的数字调制方式是相干 2DPSK 和非相干 2FSK,相干 2DPSK 主要用于高速数据传输,而非相干 2FSK 则用于中、低速数据传输。

5.6 多进制数字调制系统

在数字调制系统的应用和发展中,除了上述讨论的几种二进制基本数字调制方式外,为了提高数字信息传输的效率和频带利用率,在许多数字通信系统中常常采用多进制数字调制。多进制键控实质上是二进制键控体制的推广。在二进制中,每个码元传输 1 b 的信息;而在多进制键控体制中,每个码元能携带更多的信息量,从而能够提高传输效率。

多进制可以写成 M 进制,相应的键控方式可以记为 MASK、MFSK、MPSK 和 MDPSK。下面分别对其进行介绍。

5.6.1 多进制数字振幅调制的原理(MASK)

多进制数字振幅调制又称多电平调制。若用这种多电平信号去键控载波,就得到多进制振幅键控信号,如图 5.23 所示。图中的信号是四进制信号,即 $M = 4$,每个码元含有 2 b 的信息。和 2ASK 相比,这种体制的优点在于信息传输速率高。在第 4 章中讨论的奈奎斯特准则曾指出,在二进制条件下,对于基带信号,信道频带利用率最高可达 $2 \text{ b} \cdot \text{s}^{-1} \cdot \text{Hz}^{-1}$,即每 Hz 带宽每秒 2 b。按照这一准则,由于 2ASK 信号的带宽是基带信号的两倍,故其频带利用率最高为 $1 \text{ b} \cdot \text{s}^{-1} \cdot \text{Hz}^{-1}$。由于 MASK 信号的带宽和 2ASK 信号的带宽相同,故在多进制条件下,MASK 信号的频带利用率可以超过 $1 \text{ b} \cdot \text{s}^{-1} \cdot \text{Hz}^{-1}$。下面将简单地用波形分解来证明 MASK 信号的带宽和 2ASK 信号的带宽相同。

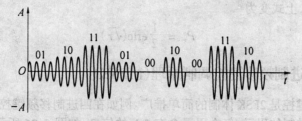

图 5.23　MASK 信号波形

在图 5.24 中给出将一个 4ASK 信号波形分解为 3 个 2ASK 信号波形的叠加。其中每个 2ASK 信号的码元速率是相同的,都等于原来的 4ASK 信号的码元速率。因此这 3 个 2ASK 信号具有相同的带宽,并且这 3 个 2ASK 信号波形线性叠加后的频谱是其他 3 个频谱的线性叠加,故仍然占用原来的带宽。所以,这个 4ASK 信号的带宽等于分解后的任一 2ASK 信号的带宽。

MASK 信号的误码率为

$$P_e = \left(1 - \frac{1}{M}\right) \text{erfc} \left(\frac{3r}{M^2 - 1}\right)^{1/2} \quad (5.39)$$

式中　M——进制数,或振幅数;

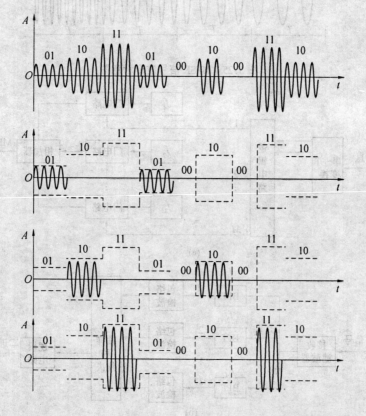

图 5.24　MASK 信号波形的分解

r—— 信号平均功率与噪声功率比。

当 $M = 2$ 时，上式变为

$$P_e = \frac{1}{2}\text{erfc}(\sqrt{r})$$

5.6.2 多进制频移键控调制原理(MFSK)

多进制移频键控是 2FSK 体制的简单推广。例如在四进制移频键控中采用 4 个不同的频率分别表示四进制的码元，每个码元含有 2 b 的信息，如图 5.25 所示。要求每个载频之间的距离足够大，使不同频率的码元频谱能够用滤波器分离开。由于 MFSK 的码元采用 M 个不同频率的载波，所以它占用较宽的频带。设 f_1 为其最低载波，f_M 为其最高载波，则 MFSK 信号的带宽近似等于 $f_M - f_1 + \Delta f$，其中 Δf 是单个码元的带宽，它决定信号传输速率。图 5.26(a)、(b) 分别给出 MFSK 调制器和非相干解调器方框图。调制器是用频率选择法实现的，M 种频率由 $\log_2 M$ 位输入信息确定。解调器则由 M 个带通滤波器后接 M 个包络检波器组成。

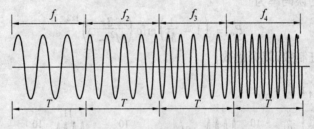

图 5.25 MFSK 信号波形示意图

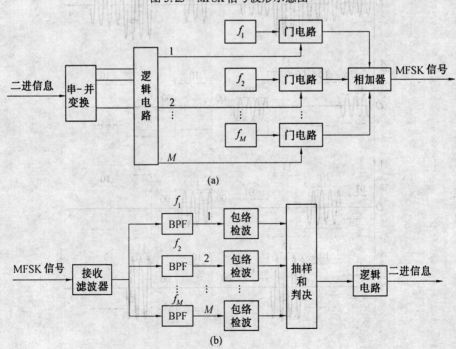

图 5.26 MFSK 调制器和非相干解调器

5.6.3 多进制移相键控调制原理(MPSK)

1. 基本原理

MPSK 信号码元可以表示为

$$S_k(t) = A\cos(\omega_0 t + \theta_k) \tag{5.40}$$

式中 θ_k—— 受调制的相位,其值决定于基带码元的取值;
A—— 信号振幅,为常数。

可以令式(5.40)中的 $A = 1$,然后将式(5.40)展开写成:

$$S_k(t) = \cos(\omega_0 t + \theta_k) = a_k\cos\omega_0 t - b_k\sin\omega_0 t$$

式中

$$a_k = \cos\theta_k \quad b_k = \sin\theta_k$$

MPSK 信号码元 $S_k(t)$ 可以看做由正弦和余弦两个正交分量合成的信号,它们的振幅分别是 a_k 和 b_k,而 a_k 和 b_k 分别有 M 个不同取值,也就是说,MPSK 信号码元可以看做两个 MASK 信号码元之和。

本节主要讨论 4 相移相键控(4PSK),常称为正交移相键控 QPSK。它的每个码元含有 2 b 的信息,现用 a、b 代表这两个比特,故有 a、b 四种组合,即 00、01、10 和 11。它们和相位 θ_k 之间通常都按格雷码的规律变化,见表 5.1。表中给出了 A 和 B 两种编码方式,其矢量图如图 5.27 所示。

表 5.1 QPSK 编码规则

a	b	θ_k	
		A 方式	B 方式
0	0	0°	225°
1	0	90°	315°
1	1	180°	45°
0	1	270°	135°

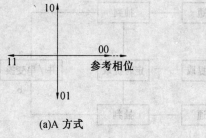
(a)A 方式

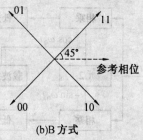
(b)B 方式

图 5.27 4PSK 信号矢量图

2. 产生方法

QPSK 信号产生有两种方法:第一种是用相乘电路,基带信号即二进制不归零双极性码元,它被"串/并"变换电路变成成对的两路码元 a 和 b。它们分别用以和两路正交载波相乘。产生方法如图 5.28 所示。

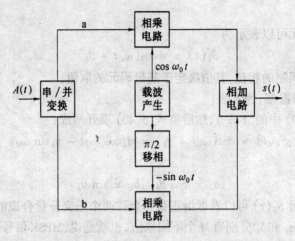

图 5.28 相乘法产生 4QPSK 信号框图

第二种产生方法是选择法,这时输入基带信号经过串/并变换后用于控制一个相位选择电路,决定选择哪个相位的载波输出。产生方法如图 5.29 所示。

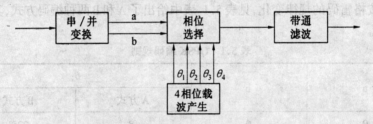

图 5.29 选择法产生 4QPSK 信号框图

3. 解调方法

QPSK 信号的解调原理框图如图 5.30 所示。QPSK 信号看做两个 2PSK 信号的叠加,所以用相干解调方法,即用两路正交的相干载波,可以很容易地分离出这两路正交的 2PSK 信号。解调后的两路基带信号码元 a 和 b,经过并/串变换后,成为串行数据输出。

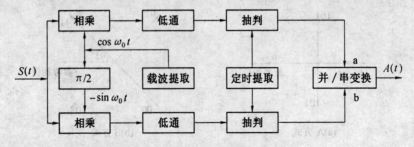

图 5.30 4QPSK 信号的相干解调法

4. 误码率

在 QPSK 体制中,因噪声的影响使接收端解调时发生错误判断,是由于信号矢量的相

第5章 基本数字信号的载波传输

位发生偏离造成的。最终 QPSK 误码率为

$$P_e = 1 - \left[1 - \frac{1}{2}\mathrm{erfc}(\sqrt{r/2})\right]^2 \tag{5.41}$$

5.6.4 偏移四相移相键控(OQPSK)

我们知道 QPSK 信号可以用正交调制方法产生。在它的星座图中,四个信号点之间任何过渡都是可能的。在这正方形星座图中对角过渡,必将产生 180° 相移,此时经限带后造成的包络起伏最大。如果在正交调制时,将正交路基带信号相对于同相路基带信号延时一个信息间隔,即符号间隔的一半,则有可能减小包络起伏。这种将正交路延时一段时间的调制方法称为偏移四相移相键控(OQPSK)。

将正交路信号偏移 $T_s/2$ 的结果是消除了已调信号中突然相移180°的现象,每隔 $T_s/2$ 信号相位只可能发生 ± 90° 的变化。因而星座图中信号点只能沿正方形四边移动,如图 5.31 所示。

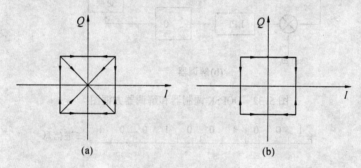

图 5.31 相位转移图

OQPSK 信号可以表示为

$$S_k(t) = \cos(\omega_0 t + \theta_k) = a_k \cos \omega_0 t - b_k \sin \omega_0 t$$

式中

$$a_k = \sum_n a_n \mathrm{rect}(t - (2n-1)T_b)$$

$$b_k = \sum_n b_n \mathrm{rect}(t - 2nT_b)$$

式中　rect——矩形函数;

a_n、b_n——取值为 -1 或 +1,分别对应于0和1,它们是输入信息序列经串/并变换得到的两个序列,矩形脉冲基带信号的极性由它们确定;

T_b——输入信息序列周期,$T_b = T_s/2$。

OQPSK 调制器和解调器如图 5.32 所示,同相路和正交路基带信号 $I(t)$ 和 $Q(t)$ 的典型波形如图 5.33 所示。

OQPSK 解调与 QPSK 相同,相干解调器如图 5.31(b) 所示,由于 $I(t)$ 和 $Q(t)$ 是相互独立的,因此相干解调的误码性能也与 QPSK 时相同。

通信原理

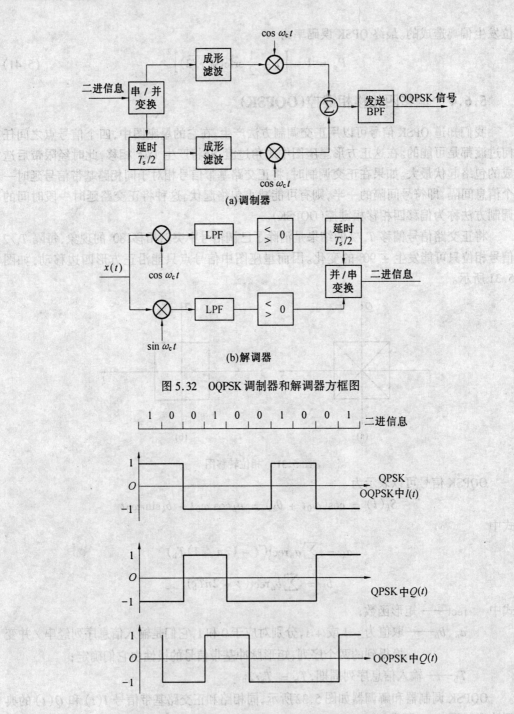

图 5.32 OQPSK 调制器和解调器方框图

图 5.33 QPSK、OQPSK 信号中的同相和正交基带信号

5.6.5 振幅/相位联合键控(APK)

APK 信号的振幅和相位作为两个独立的参量同时受到调制,故这种信号序列的第 k 个码元可以表示为

$$s_k(t) = A_k\cos(\omega_0 t + \theta_k), kT < t \leq (k+1)T \tag{5.42}$$

式中 k——整数；

A_K、θ_k——可以取多个离散值。

将式(5.42)可以展开为

$$s_k(t) = A_k\cos\theta_k\cos\omega_0 t - A_k\sin\theta_k\sin\omega_0 t \tag{5.43}$$

令

$$X_k = A_k\cos\theta_k, Y_k = -A_k\sin\theta_k$$

则 X_k 和 Y_k 也是可以取多个离散值的变量。代入式(5.43) 得

$$s_k(t) = X_k\cos\omega_0 t + Y_k\sin\omega_0 t \tag{5.44}$$

从式(5.44) 可以看出，$s_k(t)$ 是两个正交的振幅键控信号之和。

若 θ_k 的值仅可以取 0°和 90°，A_k 的值仅可以取 +A 和 -A，则此 APK 信号就蜕变成了 QPSK 信号。所以，QPSK 信号就是一种最简单的 APK 信号，它是一个四进制信号，在矢量图上可以用 4 个点表示，如图 5.34(a) 所示。由于 APK 信号是由两个正交载波合成的，所以又称为正交条幅(QAM)，因此 QPSK 信号也可以称为 4QAM 信号。由代表性 QAM 信号是 16 进制的，记为 16QAM，它的矢量图如 5.34(b) 所示。图中黑点表示每个码元的振幅 A_k 和相位 θ_k 的位置，并且示出它是由两个正交矢量合成的。类似地，有 64QAM 和 256QAM 等 APK 信号，它们统称为 MQAM 调制。由于从其矢量图看像是星座，故 MQAM 又称星座调制。

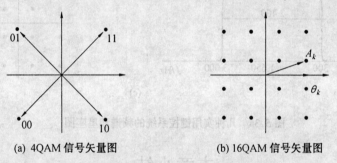

(a) 4QAM 信号矢量图　　(b) 16QAM 信号矢量图

图 5.34　正交调幅信号矢量图

5.6.6 多进制数字键控系统举例

由于多进制数字键控体制的频带利用率高，多年前就开始将其用于频带有限的通信系统中，以求在有限的频带内提高信息传输速率。其中典型的例子就是在电话网中传输数据用的调制解调器。图 5.35 为早期用于电话网中的几种实用键控系统的频谱和星座图。图 5.35(a) 的传输速率是 1 200 b/s，采用 QPSK 和升余弦频谱。频谱图的纵坐标用分贝做单位。由图可见，此时滤波器的带宽为 1 200 Hz，中心频率为 1 800 Hz。图 5.35(b) 的传输速率是 4 800 b/s，采用 8PSK 体制，滤波器的带宽为 1 600 Hz。如图 5.35(c) 的传输速率是 9 600 b/s，采用 16QAM，滤波器带宽为 2 400 Hz，中心频率为 1 650 Hz。这时滤波器低端的截止频率为 300 Hz，比前两种体制要低一些。但是以上三种体制所占用的频带都在电话网的一个话路带宽(300 ~ 3 400 Hz)内。目前最新的调制解调器的传输速率更高，所用的星座图也更复杂，但仍然占据一个话路的带宽。

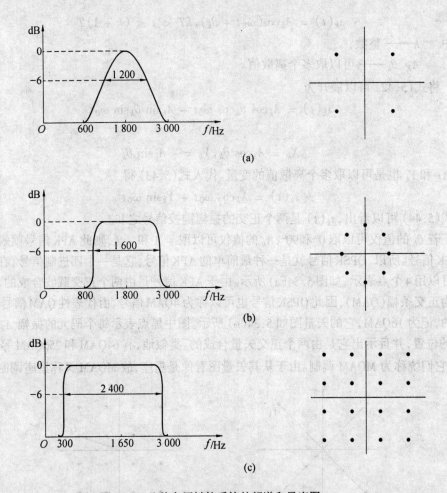

图 5.35 几种实用键控系统的频谱和星座图

本章小结

本章讨论二进制数字调制系统和多进制数字调制系统原理、产生方法及解调方式。调制的目的是将基带信号的频谱搬移到合适传输的频带上,并提高信号的抗干扰能力。载波的三个参量都可以被独立地调制,所以最基本的调制制度有二进制振幅键控(2ASK)、移频键控(2FSK)和移相键控(2PSK)。

本章对于多进制调制系统作了主要介绍:MASK、MFSK、MPSK 及多进制的调制方式的组合如 QAM、APK 等,并且分析了其原理、抗噪声性能及星座图,比较了多进制调制系统抗噪声性能。通过学习要了解,在现代通信系统中都采用了哪种多进制的调制方法。

习 题

1. 设发送数字信息为 10101110010,试分别画出 2ASK、2FSK、2PSK 及 2DPSK 信号的波

形示意图。

2. 假设某 2DPSK 系统中,载波频率为 2 400 Hz,码元速率为 1 200 B,已知绝对码序列为 110001011。

(1)试画出 2DPSK 信号波形(注:相位偏移 $\Delta\varphi$ 可自行假设);

(2)若采用差分相干解调法接收该信号时,试画出解调系统的各点波形。

3. 已知某 2ASK 系统的码元传输速率为 10^3 B,所用的载波信号为 $A\cos(4\pi \times 10^6 t)$。

(1)设所传送的数字信息为 0110011,试画出相应的 2ASK 信号波形示意图;

(2)求 2ASK 信号的带宽。

4. 设某 2FSK 调制系统的码元传输速率为 1 000 B,已调信号的载频为 1 000 Hz 或 2 000 Hz。

(1)若发送数字信息为 011010,试画出相应的 2FSK 信号波形;

(2)试讨论这时的 2FSK 信号应选择怎样的解调器解调;

(3)若发送数字信息是等可能的,试画出它的功率谱密度草图;

5. 已知二元序列为 1001100110,画出以下情况的 2ASK 和 2PSK 波形:

(1)载频为码元速率的 2 倍;

(2)载频为码元速率的 1.5 倍。

6. 已知二元序列为 11010010,采用 2DPSK 调制。

(1)若采用相对码调制方案,设计发送端方框图,列出序列变换过程及码元相位,并画出已调信号波形(设一个码元周期内含一个周期载波);

(2)采用差分相干解调法,画出接收端框图,画出各点波形。

7. 若采用 2ASK 方式传送二进制数字信息。已知发送端发出的信号振幅为 $a = 40\ \mu V$,码元传输速率 $R_B = 2 \times 10^6$ B,信道加性噪声为高斯白噪声且其单边功率谱密度 $n_0 = 6 \times 10^{-18}$ W/Hz。试求:

(1)非相干接收时,系统的误码率;

(2)相干接收时,系统的误码率。

8. 设发送数字信息序列为 01110001010,分别画出相应的 4PSK 以及 4DPSK 信号的所有可能波形。

第6章

模拟信号的数字传输

【学习目标】
掌握二进制数字信号的调制原理及产生方法,并为多进制数字调制系统奠定基础。
【知识要点】
1. 抽样定理及其应用。
2. 模拟信号的量化、编码与译码。
3. 脉冲编码调制技术(PCM)。
4. 增量调制技术(ΔM)。
5. 差分脉冲编码调制的编码、解码过程。

6.1 概 述

本章讨论模拟信号经过数字化以后在数字通信系统中的传输,简称模拟信号的数字传输。

数字传输的优点是:抗干扰强、失真小、传输特性稳定、远距离中继噪声不积累,还可以有效编码、译码和保密编码,可以提高通信系统的有效性、可靠性和保密性。另外,还可以进行存储,时间标度变换,复杂计算处理等。模拟信号用得多的是语音信号,把语音信号数字化后,在数字通信系统中传输,称为数字电话通信系统。

模拟信号的数字传输方框图如图6.1所示,主要分三个步骤:A/D转换把模拟信号变成数字信号;数字信号传输(已讨论);D/A转换把数字信号还原成模拟信号。本章着重讨论模拟语音信号的数字传输。模拟信号数字化过程如图6.2所示,主要有三个步骤:抽样、量化和编码。

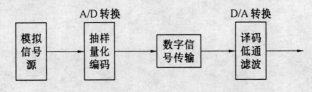

图6.1 模拟信号的数字传输的方框图

第6章 模拟信号的数字传输

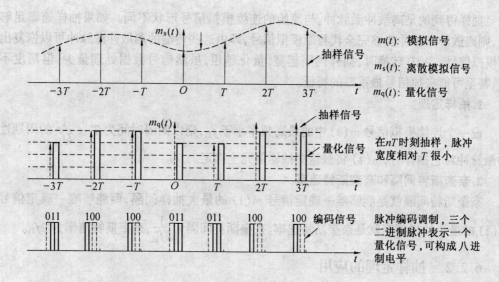

图 6.2 模拟信号的数字化过程

6.2 模拟信号的抽样

6.2.1 抽样定理

模拟信号一般是指在时间上连续的信号,如果在一系列离散点上对该信号抽取样值,则称为抽样。抽样概念可用图 6.3 表示。抽样过程可以看做用周期性单位冲激脉冲和此模拟信号相乘,其结果是一系列周期性的冲激脉冲,脉冲实际有一很窄的宽度,其面积与模拟信号的取值成正比。

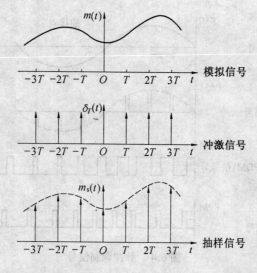

图 6.3 抽样概念示意图

抽样得到的是离散冲激脉冲,与原始的连续模拟信号形状不同。如果抽样速率足够大,则离散冲激脉冲能够完全代替原模拟信号,即由这些传输的离散冲激脉冲可以恢复出原模拟信号。A/D 转换时,抽样间隔越宽,量化越粗,虽然信号数据处理量少,但精度不高,甚至可能失掉信号最重要的特征。

1. 抽样定理

设一个连续模拟信号 $m(t)$ 中的最高频率小于 f_H,则以间隔时间为 $T \leq \dfrac{1}{2f_H}$ 的周期性冲激脉冲对它抽样时,$m(t)$ 将被这些抽样值完全确定。

2. 奈奎斯特间隔和奈奎斯特速率

奈奎斯特间隔就是能够唯一确定信号 $m(t)$ 的最大抽样间隔,而能够唯一确定信号 $m(t)$ 的最小抽样频率就是奈奎斯特速率。奈奎斯特间隔为 $\dfrac{1}{2f_H}$,奈奎斯特速率为 $2f_H$。

6.2.2 抽样定理的应用

由于利用抽样定理能将一个连续时间信号用一个离散的数的序列来代替,因此在信号分析、处理和传输中抽样定理是非常重要的。这样一来,处理一个连续时间信号等效于处理一个离散的序列,直接进入到数字滤波的领域。在通信领域,传输一个连续时间的消息就演变为利用脉冲串传输一个数的序列。将连续时间信号 $g(t)$ 采样,然后用这些样本值去改变一个周期脉冲串的某些参数。可以用这个信号 $g(t)$ 的样本值成比例地改变这些脉冲的幅度(图 6.4(b))、宽度(图 6.4(c))或位置(图 6.4(d)),这样就有脉冲幅度调制(PAM)、脉冲宽度调制(PWM)或脉冲位置调制(PPM)。当今,最重要的一种脉冲调制形式是脉冲编码调制(PCM),这将在 6.4 节讨论。在所有这些情况中,传输的不是 $g(t)$,而是相应的脉冲调制信号。在接收端,读出这个脉冲调制信号的信息,并将它重建为模拟信号 $g(t)$。

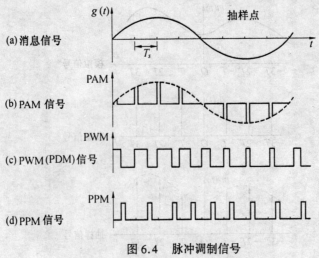

图 6.4 脉冲调制信号

6.3 抽样信号的量化

6.3.1 量化原理

设模拟信号的抽样值为 $m(kT)$，T 是抽样周期，k 是整数，此抽样值仍然是一个取值连续(有无数个可能取值)的变量。若仅用 N 个不同的二进制数字码元来代表此抽样值的大小，则 N 个不同的二进制码元只能代表 $M = 2^N$ 个不同的抽样值。将抽样值的范围划分成 M 个区间，每个区间用一个电平表示。这样，共有 M 个离散电平，称为量化电平。用这 M 个量化电平表示连续抽样值的方法称为量化(有限个可能取值，不连续)。图 6.5 为量化过程图。

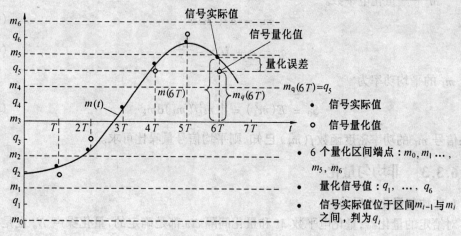

图 6.5 量化过程图

M 个抽样值区间($M = 6$)是等间隔划分的，称为均匀量化。M 个抽样值区间也可以不均匀划分，称为非均匀量化。

6.3.2 均匀量化

设模拟抽样信号的取值范围在 a 和 b 之间，量化电平数为 M，则在均匀量化时的量化间隔为

$$\Delta v = \frac{b-a}{M} \tag{6.1}$$

且量化区间的端点为

$$m_i = a + i\Delta v \quad (i = 0, 1, \cdots, M) \tag{6.2}$$

取量化输出电平 q_i 为量化间隔的中点，则

$$q_i = \frac{m_{i-1} + m_i}{2} \quad (i = 1, 2, \cdots, M) \tag{6.3}$$

信号最小值是 a，即 m_0；最大值是 b，即 m_M，共 $M+1$ 个。但量化电平只有 M 个($q_1, q_2, \cdots, q_M$)。

量化噪声定义为量化电平与抽样值之差；信号量噪比定义为信号功率与量化噪声功率之比。

均匀量化时,量化噪声功率的平均值 N_q 为

$$N_q = E[(m_k - m_q)^2] = \int_a^b (m_k - m_q)^2 f(m_k) \mathrm{d}m_k = \sum_{i=1}^M \int_{m_{i-1}}^{m_i} (m_k - q_i)^2 f(m_k) \mathrm{d}m_k \tag{6.4}$$

式中　　m_k——模拟信号的抽样值,即 $m(kT)$；

　　　　m_q——量化信号值,即 $m_q(kT)$；

　　　　$f(m_k)$——信号抽样值 m_k 的概率密度；

　　　　E——统计平均值；

　　　　M——量化电平数。

$$m_i = a + i\Delta v \tag{6.5}$$

$$q_i = a + i\Delta v - \frac{\Delta v}{2} \tag{6.6}$$

信号 m_k 的平均功率为

$$S_0 = E(m_k^2) = \int_a^b m_k^2 f(m_k) \mathrm{d}m_k \tag{6.7}$$

如果信号 m_k 的功率密度函数 $f(m_k)$ 已知,则平均信号量噪比可求。

6.3.3　非均匀量化

1. 非均匀量化的目的

对给定的量化器,量化电平数 M 和量化间隔 Δv 都是确定的,量化噪声 N_q 也是确定的。由于信号的强度可能随时间变化,当信号小时,信号的平均功率 S_0 小,量化噪声大,信号量噪比也小,所以,均匀量化器对于小输入信号很不利。为了改善小信号时的信号量噪比,常采用非均匀量化。

2. 非均匀量化思路

量化间隔随信号抽样值的不同而变化。信号抽样值小时,量化间隔 Δv 也小；信号抽样值大时,量化间隔 Δv 也变大。

3. 非均匀量化的实现

通常是在量化之前,将信号抽样值压缩,再进行均匀量化。压缩器中大都采用对数压缩。常用的对数压缩率有 A 压缩律($A = 87.6$) 和 μ 压缩律($\mu = 255$)。

国际电信联盟(ITU)的两种建议如下：

① A 压缩律,相应的近似算法为 13 折线法。

② μ 压缩律,相应的近似算法为 15 折线法。

我国大陆、欧洲各国以及国际间互联时采用 A 压缩律及相应的 13 折线法；北美、日本和韩国等少数国家和地区采用 μ 压缩律及 15 折线法。

下面重点介绍 A 压缩律 13 折线法。图 6.6 是 A 压缩律的压缩特性。A 压缩律是指符合下式的对数压缩规律：

$$y = \begin{cases} \dfrac{Ax}{1+\ln A} & (0 < x \leq \dfrac{1}{A}) \\ \dfrac{1+\ln Ax}{1+\ln A} & (\dfrac{1}{A} \leq x \leq 1) \end{cases} \quad (6.8)$$

式中　A——常数,决定压缩程度。

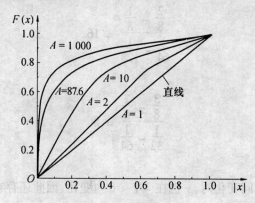

图 6.6　A 压缩律压缩特性

A 压缩律的平滑曲线在电子技术中很难准确实现,但很容易用数字电路来近似实现。13 折线特性就是近似于 A 压缩律的特性,如图 6.7 所示。

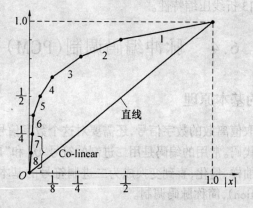

图 6.7　A 压缩律 13 折线

x 在 0 至 1 区间中分为不均匀的 8 段。$\dfrac{1}{2}$ 至 1 间的线段称为第 8 段;$\dfrac{1}{4}$ 至 $\dfrac{1}{2}$ 间的线段称为第 7 段;依此类推,直到 0 至 $\dfrac{1}{128}$ 间的线段称为第 1 段。y 均匀地划分为 8 段。将与这 8 段相应的坐标点 (x, y) 相连,就得到了一条折线。除第 1 和 2 段外,其他各段折线的斜率都不相同,各段折线的斜率见表 6.1。

表 6.1　各段折线的斜率

折线段号	1	2	3	4	5	6	7	8
斜率	16	16	8	4	2	1	1/2	1/4

例如,第一段斜率为

$$\frac{\frac{1}{8}}{\frac{1}{128}} = 16$$

第二段斜率为

$$\frac{\frac{2}{8} - \frac{1}{8}}{\frac{1}{64} - \frac{1}{128}} = 16$$

第三段斜率为

$$\frac{\frac{3}{8} - \frac{2}{8}}{\frac{1}{32} - \frac{1}{64}} = 8$$

⋮

当 x 在 $-1 \sim 0$ 之间变化时，y 也在 $-1 \sim 0$ 内变化，因此还存在位于第 3 象限的具有奇对称的另一半曲线。

第 1 象限中的第 1 和第 2 段折线斜率相同，所以构成一条直线。第 3 象限中的第 1 和第 2 段折线斜率也相同，并且和第 1 象限中的斜率相同，所以，这 4 段折线构成了一条直线。共有 13 段折线，故称 13 折线压缩特性。

6.4 脉冲编码调制(PCM)

6.4.1 PCM 的基本原理

量化后的信号是取值离散的数字信号，还需要对这个数字信号进行编码，编码就是把量化后的信号变换成代码。常用的编码是用二进制的符号"0"和"1"表示离散信号。

常把从模拟信号抽样、量化，直到变换成为二进制符号的基本过程，称为脉冲编码调制(Pulse Code Modulation)，简称脉码调制。

例如，模拟信号的抽样值为 3.15、3.96、5.00、6.38、6.80 和 6.42。若按照"四舍五入"的原则量化为整数值，则抽样值量化后变为 3,4,5,6,7 和 6。在按照二进制数编码后，量化值(Quantized Value)就变成二进制符号：011、100、101、110、111 和 110，如图 6.8 所示。

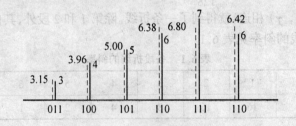

图 6.8 编码概念示意图

第6章 模拟信号的数字传输

脉冲编码调制能将模拟信号变换成数字信号,是实现模拟信号数字传输的重要方法之一。

PCM 系统的原理方框图如图 6.9、图 6.10 所示。

图 6.9 PCM 系统发送端系统方框图

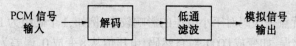

图 6.10 PCM 系统接收端系统方框图

目前常用的编码码型有自然二进制码(Natural Binary Code,NBC)、折叠二进制码(Folded Binary Code,FBC)和格雷二进制码(Gray or Reflected Binary Code,RBC)三种。PCM 用折叠二进制码进行编码。

6.4.2 折叠二进制码

以 4 位码为例(实际采用 8 位),折叠码的二进制码组见表 6.2。

表 6.2 折叠码二进制码组

量化值序号	量化电压极性	折叠二进制码
15	正极性	1111
14		1110
13		1101
12		1100
11		1011
10		1010
9		1001
8		1000
7	负极性	0000
6		0001
5		0010
4		0011
3		0100
2		0101
1		0110
0		0111

1. 折叠二进制码特点

16个双极性量化值分为两部分，0～7个量化值对应于负极性电压，8～15个量化值对应于正极性电压，1000(+0)与0000(-0)之间存在一个级差。除了其最高位符号相反外，上下两部分呈现映像关系，或称折叠关系。最高位表示电压极性的正负(1代表正电压，0代表负电压)，而用其他位来表示电压的绝对值。用最高位表示极性后，双极性电压可以采用单极性编码方法处理，使编码电路和编码过程大为简化。由于13折线法，对正、负电压，均分为8段，二进制自然码所表示的最大负电压为0000。改用二进制折叠码后，最大负电压用0111表示，0反映了负值，111反映了大小。在语音通信中，需要采用8位PCM编码来保证通信质量。

折叠码的另一个优点是误码对于小电压的影响较小。例如，1个码组为1000(小信号)，在传输时发生1个符号错误，如变成0000。对自然码，电压值从8变成0，误差是8；对折叠码，从8变成7，误差为1。又1个码组为1111(大信号)，如果错成0111，则自然码从15变成7，误差仍为8；而折叠码则从15错为0，误差增大为15。结果表明：折叠码对于小信号有利。由于语音信号小电压出现的概率较大，所以折叠码有利于减小语音信号的平均量化噪声。

2. 码位排列方法

13折线法中采用的折叠码实际有8位，即用8位折叠二进制码来表示输入信号的抽样量化电平。

第一位c_1表示量化值极性正负。后7位分为段落码和段内码两部分，用于表示量化值的绝对值(即$c_2c_3\cdots c_7$大小表示量化的值)。第2至4位($c_2c_3c_4$)是段落码，共计3位，有8种可能状态来分别表示8个段落的段落电平(斜率)；其他4位($c_5c_6c_7c_8$)为段内码，表示每一段落内的16种量化电平。段内码代表的16个量化电平是均匀划分的。段落码与段内码合在一起构成的7位码总共能表示$2^7=128$种量化值。这种编码方式是把压缩、量化和编码合为一体的方法。

3. 段落码编码规则

段落码共3位，表示8种斜率的段落，即用3位码元表示量化值处于8段中的哪一段，段落码编码规则见表6.3。如$c_1c_2c_3=111$，则码元处于第8段(13折线图中$\frac{1}{2}$～1的一段)。段落序号越大，段落码值也越大($c_1c_2c_3$是大值，导致c_1～c_7是大值)，反映了在大电压时，13折线的斜率越小，变化值越大。

表6.3 段落码编码规则

段落序号	段落码($c_2c_3c_4$)	段落范围(量化单位)
8	111	1 024～2 048
7	110	512～1 024
6	101	256～512
5	100	128～256
4	011	64～128
3	010	32～64
2	001	16～32
1	000	0～16

第6章 模拟信号的数字传输

4. 段内码编码规则

段内码反映了在各段中的 16 种量化电平,其编码规则见表 6.4。段落码与段内码合在一起的 7 位码共能表示 $2^7 = 128$ 种电平。

上述编码方法中,虽然段内码是按量化间隔均匀编码的,但各个段落的斜率不等,故不同段落的量化间隔是不同的。由 13 折线图可知,第 1 和 2 段最短,斜率最大,x 由 0 变到 $\frac{1}{128}$,即横坐标 x 的归一化动态范围只有 $\frac{1}{128}$。该段等分为 16 小段后,每一小段的动态范围只有 $\frac{1}{128} \times \frac{1}{16} = \frac{1}{2\,048}$,这就是最小量化间隔。将此最小量化间隔 $\frac{1}{2\,048}$ 称为 1 个量化单位。第 8 段最长,x 的动态范围为 $\frac{1}{2}$,16 等分后(由段落码识别码元属于哪个段后,每个段都分为 16 等分,由于段落码值不同,使不同段中每个等分的长度不相同),每个等分的长度为 $\frac{1}{32}$。

如果采用均匀量化,并希望对于小电压保持有同样的动态范围 $\frac{1}{2\,048}$,则需要 11 位码组才行($2^{11} = 2\,048$),而采用非均匀量化,即通过定义段落码和段内码,只需要 7 位就可以了。

典型电话信号的抽样频率是 8 000 Hz。在采用这类非均匀量化编码器时,典型的数字电话传输比特率为 64 kb/s。

表 6.4 段内码编码规则

量化间隔	段内码($c_5 c_6 c_7 c_8$)	量化间隔	段内码($c_5 c_6 c_7 c_8$)
15	1111	7	0111
14	1110	6	0110
13	1101	5	0101
12	1100	4	0100
11	1011	3	0011
10	1010	2	0010
9	1001	1	0001
8	1000	0	0000

【例 6.1】 采用 13 折线 A 压缩律编码,设最小的量化间隔为 1 个量化单位,已知抽样脉冲值为 -95 量化单位。

(1) 试求出此时编码器输出码组,并计算量化误差;

(2) 写出对应于该 7 位码(不包括极性码)的均匀量化 11 位码。

解 (1) 极性码:$-95 < 0$ $c_1 = 0$

段落码:

$95 < 128$ $c_2 = 0$

$95 > 64$ $c_3 = 1$

$95 > 32$ $c_4 = 1$

由此可知抽样值位于第4段,第4段的起始电平为64,量化间隔为4个量化单位。

段内码:

$95 < 64 + 4 \times 8 = 96 \quad c_5 = 0$

$95 > 64 + 4 \times 4 = 80 \quad c_6 = 1$

$95 > 64 + 4 \times 6 = 88 \quad c_7 = 1$

$95 > 64 + 4 \times 7 = 92 \quad c_8 = 1$

编码器输出码组为00110111;量化输出为 -92 个量化单位,量化误差为 $95-92=3$ 个量化单位。

(2) 对应均匀量化11位码为00001011100。

6.4.3 PCM系统中噪声的影响

PCM系统中的噪声有两种:加性噪声和量化噪声。首先,针对加性噪声的影响,常见的错码分析主要表现为一般只需考虑在码组中有一位错码的情况,这是因为在同一码组中出现两个以上错码的概率非常小,可以忽略。例如,当误码率为 $P_e = 10^{-4}$ 时(每个码元的平均误码),在一个8位码组中出现一位错码的概率为 $P_1 = 8P_e \times 10^{-4}$,而出现2位错码的概率为

$$P_2 = C_8^2 P_e^2 = \frac{8 \times 7}{2} \times (10^{-4})^2 = 2.8 \times 10^{-7} \tag{6.9}$$

仅讨论高斯加性白噪声对均匀量化的自然码的影响,可认为码组中出现的错码是彼此独立的和均匀分布的。设码组长度为 N 位,误码率为 P_e,可证信噪比为

$$\frac{S}{N} = \frac{2^{2N}}{1 + 2^{2(N+1)} P_e} \tag{6.10}$$

在大信噪比条件下,即当 $2^{2(N+1)} P_e \ll 1$ 时,上式变成 $\frac{S}{N} = 2^{2N}$。在小信噪比条件下,即当 $2^{2(N+1)} P_e \gg 1$ 时,上式变成 $\frac{S}{N} = \frac{1}{4P_e}$。还可求出输出信号量噪比为

$$\frac{S}{N_q} = M^2 = 2^{2N} \tag{6.11}$$

式中 N_q——经过低通滤波器后,输出的量化噪声功率。

式(6.11)表明,PCM系统的输出信号量噪比仅和编码位数 N 有关,且随 N 按指数规律增大。另一方面,对于一个频带限制在 f_H 的低通信号,按照抽样定理,要求抽样速率不低于每秒 $2f_H$ 次(码元速率)。对于PCM系统,这相当于要求传输速率至少为 $2Nf_H$(b/s)(信息速率),故要求系统带宽 B 至少等于 Nf_H(Hz)。因此

$$\frac{S}{N_q} = 2^{2(B/f_H)} \tag{6.12}$$

式(6.12)说明,当低通信号最高频率 f_H 给定时,PCM系统的输出信号量噪比随系统的带宽 B 按指数规律增长。

6.5 增量调制

6.5.1 增量调制的基本概念

在 PCM 系统中,对量化后的数字信号进行编码,每个抽样量化值用一个码组(码字)表示其大小。码长越大,可表示的量化级数越多,但编、解码设备就越复杂。能否用比较短的码长来反映相邻取样信号的增减情况,从而使编码、译码设备简化是增量调制的出发点。不难想到,一个语音信号,如果抽样速率很高,抽样间隔很小,那么相邻样点之间的幅度变化不会很大,相邻抽样值的相对大小同样能反映模拟信号的变化规律。若将这些差值编码传输,同样可传输模拟信号所含的信息,此差值为增量,其值可正可负。我们称这种用差值编码进行通信的方式为增量调制,简称 ΔM。

增量调制最早由法国人 De Loraine 于 1946 年提出,目的是简化模拟信号的数字化方法。其主要特点是:在比特率较低的场合,量化信噪比高于 PCM,抗误码性能好,设备简单、制造容易。

增量调制的功能方框图如图 6.11 所示。

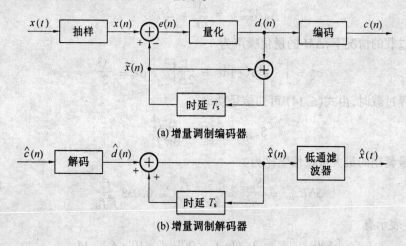

(a) 增量调制编码器

(b) 增量调制解码器

图 6.11 增量调制原理图

根据预测规则有,$\tilde{x}(n) = \hat{x}_1(n-1)$,其中 $\tilde{x}(n)$ 为第 n 时刻的预测值,$\hat{x}_1(n)$ 为 $x(n)$ 在第 n 时刻的重建样值,所以预测值与差值间的误差信号为 $e(n) = x(n) - \tilde{x}(n) = x(n) - \hat{x}_1(n-1)$,量化器只对 $e(n)$ 进行量化,其输出 $d(n)$ 只为 $+\Delta$ 或 $-\Delta$,前者编码时将其编为 1,后者编为 0(其中 Δ 为量化间隔)。

同样的,在接收端有 $\hat{x} = \hat{d}(n) + \hat{x}_1(n-1)$,传输无误时有 $\hat{x}(n) = \hat{x}_1(n)$,其实质是用阶梯波最佳逼近连续波,从而跟踪波形斜率。增量调制过程如图 6.12 所示。

增量调制过程如下:

当输入信号频率过高时,本地译码器输出信号 $x_1(t)$ 跟不上信号的变化,使误差信号

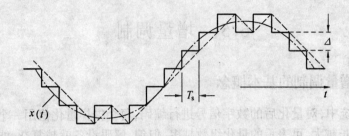

图 6.12 增量调制过程图

$e(t)$ 显著增大,这种现象称为过载。由于过载现象会引起译码后信号的严重失真,这种失真称为过载失真,或称过载噪声。为避免过载,应满足条件

$$\left|\frac{\mathrm{d}x(t)}{\mathrm{d}t}\right| \leq \frac{\Delta}{T_s} \tag{6.13}$$

在给定量化间隔 Δ 的情况下,能跟踪最大斜率为 Δ/T_s 的信号,其中 T_s 为抽样周期。$\frac{\Delta}{T_s}$ 称为临界过载情况下最大跟踪斜率。当输入信号为正弦波 $x(t) = A\cos\omega t$ 时,其最大斜率为 $A\omega$,则临界过载时,有

$$A_{\max}\omega = \frac{\Delta}{T_s} = \Delta f_s \tag{6.14}$$

在不过载的情况下,ΔM 的量化噪声为

$$\sigma_q^2 = \int_{-\Delta}^{\Delta} e^2 p(e)\mathrm{d}e = \frac{1}{2\Delta}\int_{-\Delta}^{\Delta} e^2 \mathrm{d}e = \frac{\Delta^2}{3} \tag{6.15}$$

在临界过载时,由式(6.14)可知信号功率

$$S_{\max} = \frac{A_{\max}^2}{2} = \frac{\Delta^2 f_s^2}{8\pi^2 f^2} \tag{6.16}$$

则增量调制的最大量化信噪比为

$$SNR_{\max} = \frac{S_{\max}}{\sigma_q^2} = \frac{3}{8\pi^2}\frac{f_s^3}{f^2 f_B} \approx 0.038 \frac{f_s^3}{f^2 f_B} \tag{6.17}$$

用 dB 表示有

$$[SNR_{\max}]_{\mathrm{dB}} \approx 3 - \lg f_s - 20\lg f - 10\lg f_B - 14 \tag{6.18}$$

可见,在简单 ΔM 系统中,量化信噪比与 f_s 三次方成正比,即抽样频率每提高一倍,量化信噪比提高 9 dB。因此一般 ΔM 的抽样频率至少在 16 kHz 以上才能使量化信噪比达到 15 dB 以上。在抽样频率为 32 kHz 时,量化信噪比约为 26 dB,只能满足一般通信质量的要求。同时,量化信噪比与信号频率的平方成反比,即信号频率每提高一倍,量化信噪比下降 6 dB。因此简单 ΔM 在语音高频段的量化信噪比下降。

6.5.2 增量调制抗噪声性能

与 PCM 系统一样,对于简单增量调制系统的抗噪声性能,仍用系统的输出信号和噪声功率比来表征。ΔM 系统的噪声成分主要是量化噪声。

从前面的分析可知,量化误差有两种,即一般量化误差和过载量化误差。由于在实际

应用中都是采用了防过载措施,因此,这里仅考虑一般量化噪声。

在不过载情况下,一般量化噪声 $e(t)$ 的幅度在 $-\Delta$ 到 $+\Delta$ 范围内随机变化。假设在此区域内量化噪声为均匀分布,于是 $e(t)$ 的一维概率密度函数为

$$f(e) = \frac{1}{2\Delta} \quad (-\Delta \leqslant e \leqslant \Delta) \tag{6.19}$$

因而 $e(t)$ 的平均功率可表示为

$$E[e^2(t)] = \int_{-\Delta}^{\Delta} e^2 de = \frac{\Delta^2}{3} \tag{6.20}$$

应当注意,上述的量化噪声功率并不是系统最终输出的量化噪声功率,为了简化运算,可以近似地认为 $e(t)$ 的平均功率均匀地分布在频率范围 $(0, f_s)$ 内。这样,通过低通滤波器(截止频率为 f_L)之后的输出量化噪声功率为

$$N_e = \frac{\Delta^2}{3} \cdot \frac{f_L}{f_s} \tag{6.21}$$

设信号工作于临界状态,则对于频率为 f_k 的正弦信号来说,可以推导出信号最大输出功率为

$$\left.\begin{array}{l} A_{max} = \dfrac{\sigma \cdot f_s}{\omega_k} \\ S_0 = \dfrac{A_{max}^2}{2} \end{array}\right\} \Rightarrow S_0 = \frac{1}{8} \times \frac{\sigma f_s}{\pi f_k} \tag{6.22}$$

利用式(6.20)和式(6.21)经化简和近似处理之后,可以得 ΔM 系统最大量化信噪比为

$$\left(\frac{S_0}{N_q}\right)_{max} = 0.04 \times \frac{f_s^3}{f_L f_k^2} \tag{6.23}$$

从上面分析可以看出,为提高 ΔM 系统抗噪声性能,采样频率 f_s 越大越好;但从节省频带考虑,f_s 越小越好,这两者是矛盾的,要根据对通话质量和节省频带两方面的要求提出一个恰当的数值。

6.6 差分脉冲编码调制

6.6.1 差分脉冲编码调制的基本概念

统计结果显示,大多数情况下,信号自身的功率要远大于差值的功率,那么如果只传送这些差值来代替信号,则需要的位数就会显著减少。差分脉冲编码调制(DPCM)是根据信号样值间的关联性来进行编码的,其主要是根据前些时刻样值预测当前时刻的样值,是一种靠传输样值差值,并对差值进行量化和编码的通信方式。它一般是以预测的方式来实现。

6.6.2 DPCM 的编码、解码过程

DPCM 编解码过程如图 6.13 所示。这种脉冲编码调制方式在发送端首先将模拟的语

音信号进行抽样,然后通过比较器的比较得到样值的差值信号,在编码过程中是对样值的差值信号进行量化和编码,编码得到的数字信号通过信道的传输到达接收端,接收端有和发送端可逆的一系列电路设备,通过解码还原出样值的差值信号,再经过相加器得到恢复的近似样值信号。

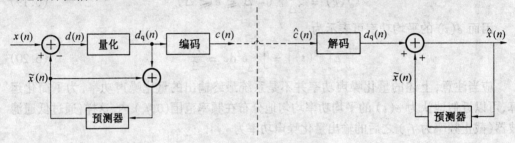

图 6.13　DPCM 原理框图

图 6.13 中, $d(n) = x(n) - \tilde{x}(n)$,量化误差为 $e(n) = d(n) - d_q(n)$,且有 $\hat{x}(n) = \tilde{x}(n) + d_q(n)$,则系统的信噪比为

$$SNR = \frac{E[x^2(n)]}{E[e^2(n)]} = \frac{E[x^2(n)]}{E[d^2(n)]} \cdot \frac{E[d^2(n)]}{E[e^2(n)]} \tag{6.24}$$

令

$$\frac{E[x^2(n)]}{E[d^2(n)]} = G_p, \frac{E[d^2(n)]}{E[e^2(n)]} = SNR_q$$

代入式(6.24)有

$$SNR = G_p \cdot SNR_q \tag{6.25}$$

式中　G_p——可理解为 DPCM 相对 PCM 系统的信噪比增益,亦称为预测增益;

　　　SNR_q——差值量化器的量化信噪比。

DPCM 系统中,最佳预测和最佳量化尤为重要,但由于语音信号动态范围大,所以一般采用自适应和自适应量化。

6.7　PCM 和 ΔM 的性能比较

ΔM 与 PCM 都是将模拟信号数字化的方法,ΔM 可以看成是 DPCM 的一种特例,ΔM 是对相邻样值的差值的极性编码,而 PCM 是对样值本身进行编码。这是 ΔM 与 PCM 的本质区别,现在从以下几点对 ΔM 与 PCM 进行比较。

1. 带宽

PCM 系统的数码率为 $f_b = Nf_s$,而 ΔM 系统在一次抽样时,只传送一位代码,因此 ΔM 系统的数码率为 $f_b = f$。要求的最小带宽为 $B_{\Delta M} = 0.5f_s$,实际应用时 $B_{\Delta M} = f_s$。在同样的语音质量要求下,PCM 系统的数码率为 64 kHz,因此要求最小信道带宽为 32 kHz。而采用 ΔM 系统时,抽样速率至少为 100 kHz,则最小带宽为 50 kHz。通常,ΔM 速率采用 32 kHz 或 16 kHz 时,语音质量比 PCM 差。

2. 抽样速率

PCM 系统传输的是信号本身的样值,其抽样速率根据抽样定理确定,即若信号的最高频率为 f_H,则抽样速率 $f_s \geq 2f_H$。而在 ΔM 系统中传输的不是信号本身的样值,而是差值,为此抽样速率不能根据抽样定理来确定,其抽样频率与最大跟踪斜率和信噪比有关。不发生过载,要达到与 PCM 系统相同的信噪比时,ΔM 的抽样速率远远高于奈奎斯特频率。

3. 信道误码的影响

PCM 系统的每一个误码会造成较大的误差,尤其是高位码元,错一位可造成许多量阶的误差。而 ΔM 系统中,每一个误码代表只造成一个量阶的误差,所以它对误码不太敏感,故对误码率的要求较低。可见,PCM 误码对 PCM 系统的影响要比 ΔM 系统严重,其对误码率的要求比 ΔM 高。

4. 量化信噪比

在误码可忽略以及信道传输速率相同的条件下,假设滤波器截止频率 $f_L = 3$ kHz,信号频率 $f_k = 1$ kHz,这时 PCM 与 ΔM 系统相应的量化信噪比曲线如图 6.14 所示。由图可看出,如果 PCM 系统编码位数 $k < 4$ 时,则它的性能比 ΔM 系统的要差;如果 $k > 4$,则随着 k 的增大,PCM 相对于 ΔM 来说,其性能越来越好。

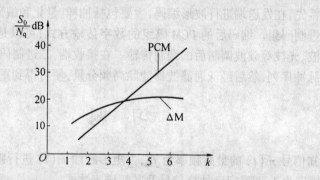

图 6.14 PCM 与 ΔM 系统量化信噪比

5. 设备复杂度

ΔM 系统是单路信号,独用一个编码器,设备简单,单路应用时,无需收发同步设备。多路应用时,每路独用一套编码器。ΔM 一般适用于小容量支线通信。

PCM 系统是多路信号统一编码,在传输语音信号时,一般采用 8 位,编码设备复杂,其话音清晰度要比 ΔM 系统好。PCM 一般用于大容量的干线通信。

本章小结

数字通信系统具有许多优点,但许多信源输出都是模拟信号。若要利用数字通信系统传输模拟信号,一般需三个步骤:把模拟信号数字化,即模数转换(A/D),将原始的模拟信号转换为时间离散和值离散的数字信号;进行数字方式传输;把数字信号还原为模拟信号,即数模转换(D/A)。A/D 或 D/A 转换的过程通常由信源编(译)码器实现,所以通常将发送端的 A/D 转换称为信源编码(如将语音信号的数字化称为语音编码),而将接收端的 D/A 转换称为信源译码。

本章着重讨论模拟语音信号的数字传输。数字化的过程有三个步骤:抽样、量化和编码。

抽样是把时间上连续的模拟信号变成一系列时间上离散的抽样值的过程。能否由此样值序列重建原信号,是抽样定理要回答的问题。

量化是利用预先规定的有限个电平来表示模拟信号抽样值的过程。把输入信号的取值域按等距离分割的量化称为均匀量化。均匀量化的不足之处在于:量化信噪比随信号电平的减小而下降。产生这一现象的原因是均匀量化的量化间隔是一个固定值,而量化噪声功率固定不变,这样,小信号时的量化信噪比难以达到既定的要求。通常,把满足信噪比要求的输入信号的取值范围定义为信号的动态范围。可见,采用均匀量化时,输入信号的动态范围将受到较大的限制。解决的方法是采用非均匀量化。非均匀量化是一种在整个动态范围内量化间隔不相等的量化。实现非均匀量化的方法之一是把输入量化器的信号 x 先进行压缩处理,再把压缩的信号 y 进行均匀量化。

脉冲编码调制(PCM)简称脉码调制,它是一种用一组二进制数字代码来代替连续信号的抽样值,从而实现信号传输的方式。PCM 是一种最典型的语音信号数字化的波形编码方式。首先,在发送端进行波形编码,主要包括抽样、量化和编码三个过程,把模拟信号变换为二进制码组。编码后的 PCM 码组的数字传输方式,可以是直接的基带传输,也可以是对微波、光波等载波调制后的调制传输。在接收端,二进制码组经译码后还原为量化后的样值脉冲序列,然后经低通滤波器滤除高频分量,便可得到重建信号。

习 题

1. 已知信号 $m(t)$ 的最高频率为 f_m,由矩形脉冲 $m(t)$ 进行瞬时抽样,矩形脉冲的宽度为 2τ,幅度为 1,试确定已抽样信号及其频谱表达式。

2. 设输入抽样器的信号为门函数为 $G_\tau(t)$,宽度 $\tau = 200$ ms,若忽略其频谱的第 10 个零点以外的频率分量,试求最小抽样速率。

3. 设信号 $m(t) = 9 + A\cos \omega t$,其中 $A \ll 10$ V。若 $m(t)$ 被均匀量化为 40 个电平,试确定所需的二进制码组的位数 N 和量化间隔 Δv。

4. 已知模拟信号抽样的概率密度 $f(x)$ 如图 6.15 所示。若按四电平进行均匀量化,试计算信号量化噪声功率比。

5. 采用 13 折线 A 压缩律编码,设最小量化间隔为 1 个单位,已知抽样脉冲值为 +635 单位:

(1) 试求此时编码器输出码组,并计算量化误差;

(2) 写出对应于该 7 位码(不包括极性码)的均匀量化 11 位码(采用自然二进制码。)

6. 采用 13 折线 A 压缩律编码电路,设接收端收

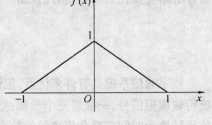

图 6.15

到的码组为"01010010",最小量化界各为1个量化单位,并已知段内码改用折叠二进制码:

(1) 试问译码器输出为多少量化单位;

(2) 写出对应于该7位码(不包括极性码)的均匀量化11位码。

7. 对信号 $m(t) = M\sin 2\pi f_0 t$ 进行简单增量调制,若台阶 σ 和抽样频率选择得既保证不过载,又保证不致因信号振幅太小而使增量调制器不能正常编码,试证明此时要求 $f_s > \pi f_0$。

第7章

同步原理

【学习目标】

明确同步在数字通信系统中的重要作用;掌握同步的原理及实现方法;了解同步对信号的影响。

【知识要点】

1. 了解同步的基本原理、实现方法、同步的性能指标及其对通信系统性能的影响。

2. 重点掌握载波同步、位同步、群同步的实现方法、同步的性能指标及其对通信系统性能的影响。

7.1 概述

同步是指收发双方在时间上的步调一致,故又称为定时。在数字通信中,按照同步的功用将同步分为载波同步、位同步、群同步和网同步。

1. 载波同步

载波同步是指在相干解调时,接收端需要提供一个与接收信号中的调制载波同频同相的相干载波。这个载波的获取称为载波提取或载波同步。在第3章的模拟调制以及第6章的数字调制中学到,要想实现相干解调,必须有相干载波。因此,载波同步是实现相干解调的先决条件。

2. 位同步

位同步又称为码元同步。在数字通信系统中,任何消息都是通过一连串码元序列传送的,所以接收时需要知道每个码元的起止时刻,以便在恰当的时刻进行抽样判决。最佳接收机结构中,需要对积分器或匹配滤波器的输出进行抽样判决,判决时刻应对准每个接收码元的终止时刻。这就要求接收端必须提供一个位定时脉冲序列,该序列的重复频率与码元速率相同,相位与最佳抽样判决时刻一致。我们把提取这种定时脉冲序列的过程称为位同步。

3. 群同步

群同步包含字同步、句同步、分路同步,有时也称为帧同步。在数字通信中,信息流是用若干码元组成一个"字",又用若干个"字"组成"句"。在接收这些数字信息时,必须知道这些"字"、"句"的起止时刻,否则接收端无法正确恢复信息。对于数字时分多路通信系统,如 PCM30/32 电话系统,各路信码都安排在指定的时隙内传送,形成一定的帧结构。为了使接收端能正确地分离各路信号,在发送端必须提供每帧的起止标记,在接收端检测并获取这一标志的过程,称为帧同步。因此,在接收端产生与"字"、"句"及"帧"起止时刻相一致的定时脉冲序列的过程统称为群同步。

4. 网同步

在获得了以上的载波同步、位同步、群同步之后,两点间的数字通信就可以有序、准确、可靠地进行了。然而,随着数字通信的发展,尤其是计算机通信的发展,多个用户之间的通信和数据转换,构成了数字通信网。显然,为了保证通信网内各用户之间可靠地通信和交换数据,全网必须有一个统一的时间标准时钟,这就是网同步的问题。同步也是一种信息,按照获取和传输同步信息方式的不同,又可分为开环法(外同步法)和闭环法(自同步法)。

(1) 开环法

由发送端发送专门的同步信息(常被称为导频),接收端把这个导频提取出来作为同步信息的方法,称为开环法,又称为外同步法。

(2) 闭环法

发送端不发送专门的同步信息,接收端设法从收到的信号中提取同步信息的方法,称为闭环法,又称为自同步法。自同步法是人们最希望的同步方法,因为可以把全部功率和带宽分配给信号传输。在载波同步和位同步中,两种方法都采用,但自同步法正得到越来越广泛的应用。而群同步一般都采用外同步法。

同步信息本身虽然不包括所要传送的信息,但只有收发设备之间建立了同步后才能开始传送信息,所以同步是进行信息传输的必要和前提。同步性能好坏又将直接影响着通信系统的性能。如果出现同步误差或失去同步就会导致通信系统性能下降或通信中断。因此,同步系统应具有比信息传输系统更高的可靠性和更好的质量指标,如同步误差小、相位抖动小、同步建立时间短以及保持时间长等。

7.2 载波同步方法

提取相干载波的方法有直接法和插入导频法。

7.2.1 直接法

直接法也称为自同步法,此方法设法从接收信号中提取同步载波。有些信号,如 DSB-SC、PSK 等,它们虽然本身不直接含有载波分量,通过信号本身,我们也能提取出同步信息。下面介绍几种常用的方法。

平方变换法和平方环法广泛用于建立抑制载波的双边带信号的载波同步。设调制信号 $m(t)$ 无直流分量,则抑制载波的双边带信号为

$$s(t) = m(t)\cos \omega_c t \tag{7.1}$$

接收端将该信号经过非线性变换——平方律部件后得到

$$e(t) = m^2(t)\cos^2\omega_c t = \frac{m^2(t)}{2} + \frac{1}{2}m^2(t)\cos 2\omega_c t \quad (7.2)$$

式(7.2)的第二项包含载波的倍频 $2\omega_c$ 的分量,若用一窄带滤波器将 $2\omega_c$ 频率分量滤出,再进行二分频,就可获得所需的相干载波。基于这种构思的平方变换法提取载波的方框图如图 7.1 所示。

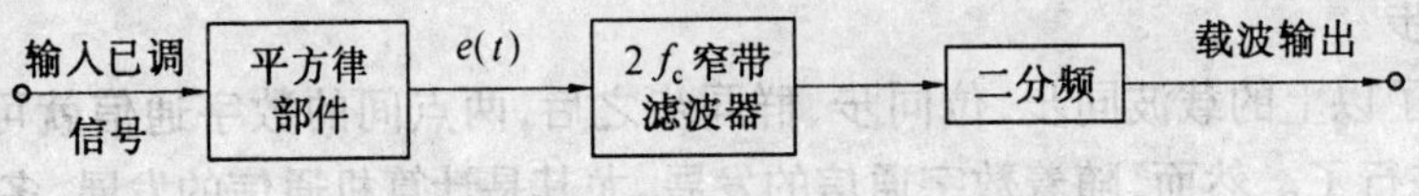

图 7.1 平方变换法提取载波

若 $m(t) = \pm 1$,则抑制载波的双边带信号就成为二相移相信号(2PSK),这时

$$e(t) = [m(t)\cos\omega_c t]^2 = \frac{1}{2} + \frac{1}{2}\cos 2\omega_c t \quad (7.3)$$

因而,同样可以通过图 7.1 所示的方法提取载波。

在实际中,伴随信号一起进入接收机的还有加性高斯白噪声,为了改善平方变换法的性能,使恢复的相干载波更为纯净,图 7.1 中的窄带滤波器常用锁相环代替,构成如图 7.2 所示的方框图,称为平方环法提取载波。由于锁相环具有良好的跟踪、窄带滤波和记忆功能,平方环法比一般的平方变换法具有更好的性能。因此,平方环法提取载波得到了较广泛的应用。

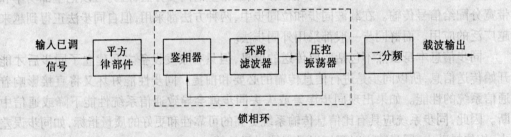

图 7.2 平方环法提取载波

下面以 2PSK 信号为例,分析采用平方环法的情况。2PSK 信号平方后得

$$e(t) = \sum_n [a_n g(t - nT_s)]^2 \cos^2\omega_c t \quad (7.4)$$

当 $g(t)$ 为矩形脉冲时,有

$$e(t) = \frac{1}{2} + \frac{1}{2}\cos 2\omega_c t \quad (7.5)$$

假设环路锁定,压控振荡器(VCO)的频率锁定在 $2\omega_c$ 频率上,其输出信号为

$$v_0(t) = A\sin(2\omega_c t + 2\theta) \quad (7.6)$$

式中 θ—— 相位差。

经鉴相器(由相乘器和低通滤波器组成)后输出的误差电压为

$$v_d = K_d \sin 2\theta \quad (7.7)$$

式中 K_d—— 鉴相灵敏度,是一个常数。

v_d 仅与相位差有关,它通过环路滤波器去控制压控振荡器的相位和频率,环路锁定后,θ 是一个很小的量。因此,VCO 的输出经二分频后,就是所需的相干载波。

应当注意,载波提取的方框图中用了一个二分频电路,由于分频起点的不确定性,使其输出的载波相对于接收信号相位有 $180°$ 的相位模糊。相位模糊对模拟通信影响不大,因为人耳听不出相位的变化。但对数字通信的影响就不同,它有可能使 2PSK 相干解调后出现"反向工作"的问题。克服相位模糊对相干解调影响的最常用而又有效的方法是对调制器输入的信息序列进行差分编码,即采用相对移相(2DPSK),并且在解调后进行差分译码恢复信息。

7.2.2 插入导频法

抑制载波的双边带信号(如 DSB、等概率的 2PSK)本身不含有载波,残留边带(VSB)信号虽含有载波分量,但很难从已调信号的频谱中把它分离出来。对这些信号的载波分量又不能用直接法提取载波,只能用插入导频法。

1. 在抑制载波的双边带信号中插入导频

插入导频是在已调信号谱中额外地插入一个低功率的线谱,以便接收端作为载波同步信号加以恢复,此线谱对应的正弦波称为导频信号。采用插入导频法应注意:

① 导频的频率应当与载波有关或者就是载波的频率;

② 插入导频的位置与已调信号的频谱结构有关。

总的原则是在已调信号频谱中零点处插入导频,且要求其附近的信号频谱分量尽量小,这样便于插入导频以及解调时易于将其滤除。

对于模拟调制中的 DSB 或 SSB 信号,在载频 f_c 附近信号频谱为 0,但对于数字解调中的 2PSK 或 2DPSK 信号,在 f_c 附近的频谱不但存在,而且比较大,因此对这样的信号,可参考第 4 章介绍的第 Ⅳ 类部分响应,在调制以前先对基带信号进行相关编码。经过双边带调制以后可以得到如图 7.3 所示的频谱函数。由图可见,在 f_c 附近的频谱函数很小,且没有离散谱,这样可以在 f_c 处插入频率为 f_c 的导频(这里仅画出正频域)。但应注意,在图 7.3 中插入的导频并不是加于调制器的那个载波,而是将该载波移相 $90°$ 后的"正交载波"。

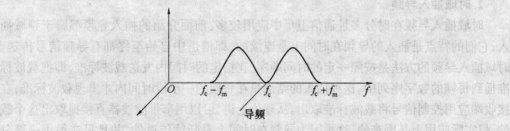

图 7.3 抑制载波双边带信号的导频插入

因此,就可组成插入导频的发送端方框图,如图 7.4 所示。设调制信号 $m(t)$ 中无直流分量,被调载波为 $a\sin\omega_c t$,将它经 $90°$ 移相形成插入导频(正交载波) $-a\sin\omega_c t$,其中 a 是插入导频的振幅。于是输出信号为

$$u_o(t) = a_c m(t)\sin\omega_c t - a_c \cos\omega_c t \tag{7.8}$$

设收到的信号就是接收端输出的 $u_o(t)$,则接收端用一个中心频率为 f_c 的窄带滤波器提取导频 $-a\sin\omega_c t$,再将它经 90° 移相后得到与调制载波同频同相的相干载波 $\sin\omega_c t$,接收端的解调方框如图 7.5 所示。

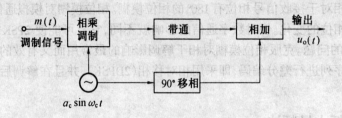

图 7.4 插入导频法发送端框图

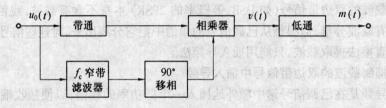

图 7.5 插入导频法接收端框图

发送端是以正交载波作为导频的,其原因解释如下:
由图 7.5 可知,解调输出为

$$v(t) = u_o(t)\sin\omega_c t = a_c m(t)\sin^2\omega_c t - a_c\sin\omega_c t\cos\omega_c t =$$

$$\frac{a_c}{2}m(t) - \frac{a_c}{2}m(t)\cos 2\omega_c t - \frac{a_c}{2}\sin 2\omega_c t \quad (7.9)$$

经过低通滤除高频部分后,就可恢复出调制信号 $m(t)$。如果发送端加入的导频不是正交载波,而是调制载波,则接收端 $v(t)$ 中还有一个不需要的直流成分,这个直流成分通过低通滤波器对数字信号产生影响,这就是发送端正交插入导频的原因。

2PSK 和 DSB 信号都属于抑制载波的双边带信号,所以上述插入导频方法对两者均适用。SSB 对于信号,导频插入的原理也与上述相同。

2. 时域插入导频

时域插入导频在时分多址通信卫星中应用较多,前面介绍的插入导频都属于频域插入,它们的特点是插入的导频在时间上是连续的,即信道中自始至终都有导频信号传送。时域插入导频的方法是按照一定的时间顺序,在指定的时间内发送载波标准,即把载波标准插到每帧的数字序列中。这种插入的结果只在每帧的一小段时间内才出现载波标准,在接收端应用控制信号将载波标准取出。从理论上讲,可以用窄带滤波器直接提取出这个载波,但实际应用上是困难的,这是因为导频在时间上是断续传送的,并且只在很小一部分时间存在,用窄带滤波器提取出这个间断的载波是不可能实现的。所以,时域插入导频法常用锁相环来提取同步载波。

7.2.3 载波同步系统的性能相位误差对解调性能的影响

1. 载波同步系统的性能

载波同步系统的性能指标主要有效率、精度、同步建立时间和同步保持时间。载波同步追求的是高效率、高精度、同步建立时间快以及保持时间长。

（1）高效率

高效率指为了获得载波信号而尽量少消耗发送功率。在这方面，直接法由于不需要专门发送导频，因而效率高，而插入导频法由于插入导频要消耗一部分发送功率，因而效率要低一些。

（2）高精度

高精度指接收端提取的载波与需要的载波标准比较，应该有尽量小的相位误差。如需要的同步载波为 $\cos(\omega_c t)$，提取的同步载波为 $\cos(\omega_c t + \Delta\varphi)$，则 $\Delta\varphi$ 就是载波相位误差，$\Delta\varphi$ 应尽量小。通常，$\Delta\varphi$ 分为稳态相差 θ_e 和随机相差 σ_φ 两部分，即

$$\Delta\varphi = \theta_e + \sigma_\varphi \tag{7.10}$$

稳态相差与提取的电路密切相关，而随机相差则是由噪声引起的。

（3）同步建立时间

同步建立时间 t_s 指从开机或失步到同步所需要的时间。显然，t_s 越小越好。

（4）同步保持时间

同步保持时间 t_c 指同步建立后，若同步信号小时，系统还能维持同步的时间，则 t_c 越大越好。

这些指标与提取的电路、信号及噪声的情况有关。当采用性能优越的锁相环提取载波时这些指标主要取决于锁相环的性能。如稳态相差就是锁相环的剩余相差，即

$$\theta_e = \frac{\Delta\omega}{K_V} \tag{7.11}$$

式中　$\Delta\omega$——压控振荡器角频率与输入载波角频率之差；
　　　K_V——环路直流总增益。

随机相差 σ_φ 实际是由噪声引起的输出相位抖动，它与环路等效噪声带宽 B_L 及输入噪声功率谱密度等有关。B_L 的大小反应了环路对输入噪声的滤除能力，B_L 越小，σ_φ 越小。

同步建立时间 t_s 具有表现为锁相环的捕捉时间，而同步保持时间 t_s 具体表现为锁相环的同步保持时间。有关这方面的详细讨论，请参阅相关的锁相环教材。

2. 载波相位误差对解调性能的影响

载波相位误差对解调性能的影响主要体现在所提取的载波与接收信号中载波的相位误差，相位误差对不同信号的解调所带来的影响是不同的。首先来研究 DSB 和 PSK 的解调情况。DSB 和 2PSK 信号都属于双边带信号，具有相似的表示形式。设 DSB 信号为 $m(t)\cos\omega_c t$，所提取的相干载波为 $\cos(\omega_c t + \Delta\varphi)$，这时解调输出为

$$m'(t) = \frac{1}{2}m(t)\cos\Delta\varphi \tag{7.12}$$

若没有相位差，即 $\sigma_\varphi = 0, \cos\omega_c t = 1$ 时，则解调输出 $m'(t) = \frac{1}{2}m(t)$，这时信号有最大

幅度;若存在相位差,即 $\sigma_\varphi \neq 0, \cos \omega_c t < 1$ 时,解调后信号幅度下降,使功率和信噪功率比下降,该项 $\cos^2 \Delta\sigma_\varphi$ 的变化对于 2PSK 信号来讲,信噪功率比下降将使误码率增加。若 $\Delta\sigma_\varphi = 0$ 时

$$P_e = \frac{1}{2}\mathrm{erfc}\left(\sqrt{\frac{E}{n_0}}\right) \tag{7.13}$$

则 $\Delta\sigma_\varphi \neq 0$ 时

$$P_e = \frac{1}{2}\mathrm{erfc}\left(\sqrt{\frac{E}{n_0}}\cos\varphi\right) \tag{7.14}$$

以上说明,载波相位误差 $\Delta\sigma_\varphi$ 引起双边带解调系统的信噪比下降,误码率增加。当 $\Delta\sigma_\varphi$ 近似为常数时,不会引起波形失真。然而对单边带和残留边带解调而言,相位误差 $\Delta\sigma_\varphi$ 不仅引起信噪比下降,而且还引起输出波形失真。

下面以单边带信号为例,说明这种失真是如何产生的。设单边基带信号 $m(t) = \cos\Omega t$,且单边带信号取上边带 $\frac{1}{2}\cos(\omega_c + \Omega)t$,所提取的相干载波为 $\cos(\omega_c t + \Delta\psi)$,相干载波与已调信号相乘,得

$$\frac{1}{2}\cos(\omega_c + \Omega)t\cos(\omega_c t + \Delta\varphi) = \frac{1}{4}[\cos(2\omega_c t + \Omega t + \Delta\varphi) + \cos(\Omega t - \Delta\varphi)] \tag{7.15}$$

经低通滤除高频,即得解调输出为

$$m'(t) = \frac{1}{4}\cos(\Omega t - \Delta\varphi) = \frac{1}{4}\cos\Omega t\cos\Delta\varphi + \frac{1}{4}\sin\Omega t\sin\Delta\varphi \tag{7.16}$$

式(7.16)中的第一项与原基带信号相比,由于 $\cos\Delta\varphi$ 的存在,使信噪比下降;第二项是与原基带信号正交的项,它使恢复的基带信号波形失真,推广到多频信号时也将引起波形的失真。若用来传输数字信号,波形失真会产生码间串扰,使误码率大大增加,因此应尽可能使 $\Delta\sigma_\varphi$ 减小。

7.3 位同步

位同步是指在接收端的基带信号中提取码元定时的过程,它与载波同步有一定的相似之处和区别。载波同步是相干解调的基础,不论模拟通信还是数字通信,只要是采取相干解调,都需要载波同步,并且在基带传输时没有载波同步问题,所提取的载波同步信息是载频为 f_c 的正弦波,要求它与接收信号的载波同频同相。实现方法有插入导频法和直接法。

位同步是正确抽样判决的基础,只有在数字通信中才需要,并且不论基带传输还是频带传输都需要,所提取的位同步信息是频率等于码速率的定时脉冲,相位则根据判决时信号波形决定,可能在码元中间,也可能在码元终止时刻或其他时刻。实现方法也有插入导频法和直接法。

7.3.1 插入导频法

此处的插入导频法与载波同步时的插入导频法类似,也是在基带信号频谱的零点处

插入所需的位定时导频信号,如图 7.6 所示。其中,图 7.6(a) 为常见的双极性不归零基带信号的功率谱,插入导频的位置是 $\frac{1}{T}$;图 7.6(b) 表示经某种相关变频的基带信号,其功率谱的第一个零点为 $\frac{1}{2T}$,插入导频应在 $\frac{1}{2T}$ 处。

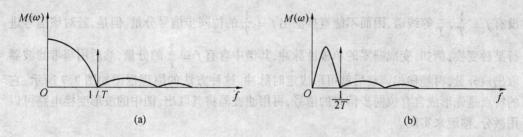

图 7.6 插入导频法频谱图

在接收端,对图 7.6(a) 的情况,经中心频率为 $\frac{1}{T}$ 的窄带滤波器,就可从解调后的基带中提取出位同步所需的信号,这时,位同步脉冲的周期与插入导频的周期一致;对图 7.6(b) 所示的情况,窄带滤波器的中心频率应为 $\frac{1}{2T}$,所提取的导频需经倍频后,才得到所需的位同步脉冲。

另一种导频插入的方法是包络调制法。这种方法是用位同步信号的某种波形对移相键控或移频键控这样的恒包络数字已调信号进行附加的幅度调制,使其包络随着位同步信号波形变化。在接收端只要进行包络检波,就可以形成位同步信号。

设移相键控的表达式为

$$s_1(t) = \cos[\omega_c t + \varphi(t)] \tag{7.17}$$

利用含有位同步信号的某种波形对 $s_1(t)$ 进行幅度调制,若这种波形为升余弦波形,则其表达式为

$$m(t) = \frac{1}{2}(1 + \cos \Delta \varphi) \tag{7.18}$$

幅度调制后的信号为

$$s_2(t) = \frac{1}{2}(1 + \cos \Delta \varphi)\cos[\omega_c t + \varphi(t)] \tag{7.19}$$

接收端对 $s_2(t)$ 进行包络检波,包络检波器的输出为 $\frac{1}{2}(1 + \cos \Delta \varphi)$,除去直流分量后,就可获得位同步信号 $\frac{1}{2}\cos \Delta \varphi$。

除以上两种在频域内插入位同步导频的方法之外,还可以在时域内插入导频,其原理与载波时域插入方法类似。

7.3.2 直接法

直接法是发送端不专门发送导频信号,而直接从接收的数字信号中提取位同步信号的方法。这种方法在数字通信中得到了最广泛的应用。

直接提取位同步的方法又分为滤波法和特殊锁相环法。

1. 滤波法

(1) 波形变换——滤波法

不归零的随机二进制序列,不论是单极性还是双极性的,当 $p(0) = p(1) = \frac{1}{2}$ 时,都没有 $f = \frac{1}{T}, \frac{2}{T}$ 等线谱,因而不能直接滤出 $f = \frac{1}{T}$ 的位同步信号分量。但是,若对该信号进行某种变换,例如,变成归零的单极性脉冲,其谱中含有 $f = \frac{1}{T}$ 的分量,然后用窄带滤波器取出该分量,再经移相调整后就可形成定时脉冲。这种方法的原理框图如图 7.7 所示。它的特点是先形成含有位同步信息的信号,再用滤波器将其取出。图中的波形变换电路可以用微分、整流来实现。

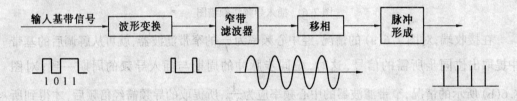

图 7.7 滤波法原理图

(2) 包络检波——滤波法

包络检波是一种从频带受限的中频 PSK 信号中提取位同步信息的方法,其波形图如图 7.8 所示。当接收端带通滤波器的带宽小于信号带宽时,使频带受限的 2PSK 信号在相邻码元相位反转点处形成幅度的"陷落"。经包络检波后得到图 7.8(b) 所示的波形,此波形可看成是一直流与图 7.8(c) 所示的波形相减,而图 7.8(c) 所示的波形是具有一定脉冲的归零脉冲序列,含有位同步的线谱分量,可用窄带滤波器取出。

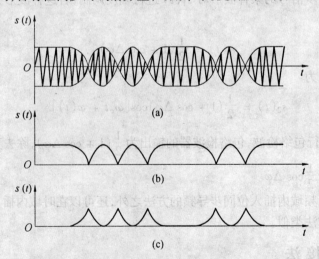

图 7.8 频带受限二相 2PSK 的位同步信号提取

2. 锁相法

位同步锁相法基本与载波同步类似,在接收端利用鉴相器比较接收码元和本地产生的位同步信号的相位,若两者相位不一致(超前或滞后),鉴相器就产生误差信号去调整位同步信号的相位,直至获得准确的位同步信号为止。前面介绍的滤波法中的窄带滤波器可以是简单的单调谐回路或晶体滤波器,也可以是锁相环路。

把采用锁相环提取位同步信号的方法称为锁相法。通常分为两类:一类是环路中误差信号取连续的调整位同步信号的相位,这一类属于模拟锁相法;另一类锁相环位同步时采用高稳定度的振荡器(信号钟),从鉴相器所获得的与同步误差成比例的误差信号不是直接用于调整振荡器,而是通过一个控制器在信号钟输出的脉冲序列中附加或扣除一个或几个脉冲,这样同样可以调整加到减相器上的位同步脉冲序列的相位,达到同步的目的。这种电路可以完全采用数字电路,构成全数字锁相环路。由于这种环路对位同步信号相位的调整不是连续的,而是存在一个最小的调整单位,也就是说对位同步信号相位进行量化调整,故这种位同步环又称为量化同步器。这种过程量化同步器的全数字环是数字锁相环的一种典型应用。

用于位同步的全数字锁相环的原理框图如图 7.9 所示,它由信号钟、控制器、分频器、相位比较器等组成。其中,信号钟包括一个高稳定度的振荡器(晶振)和整形电路。若接收码元的速度为 $f = \frac{1}{T}$,那么振荡器频率为 nf,经整形电路之后,输出周期性脉冲序列,其周期 $T_0 = \frac{1}{nf} = \frac{T}{n}$。控制器包括图中的扣除门(常开)、附加门(常闭)和或门,它根据相位比较器输出的控制脉冲("超前脉冲"或"滞后脉冲")对信号钟输出的序列实施扣除(或添加)脉冲。

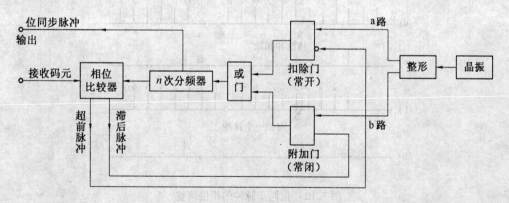

图 7.9 数字锁相环原理框图

分频器是一个计数器,每当控制器输出 n 个脉冲时,它就输出一个脉冲。控制器与分频器共同作用的结果就是调整了加至相位比较器的位同步信号的相位。这种相位前、后移的调整量取决于信号钟的周期,每次的时间阶跃量为 T_0,相应的相位最小调整量为 $\Delta = 2\pi \frac{T_0}{T} = \frac{2\pi}{n}$。

相位比较器将接收脉冲序列与位同步信号进行相位比较,以判别位同步信号究竟是超前还是滞后,若超前就输出超前脉冲,若滞后就输出滞后脉冲。

通信原理

位同步数字环的工作过程简述如下：由高稳定晶体振荡器产生的信号，经整形后得到周期为 T_0 和相位差 $\frac{T_0}{2}$ 的两个脉冲序列，如图 7.10(a)、(b) 所示。脉冲序列(图 7.9 中 a 路)通过常开门、或门并经 n 次分频后，输出本地位同步信号。图 7.10(c) 为发送端时钟同步，分频器输出与接收到的码元序列同时加到相位比较器进行比较，如果两者完全同步，此时相位比较器没有误差信号，本地位同步信号作为同步时钟。如果本地位同步信号相位超前于接收码元序列时，相位比较器输出一个超前脉冲加到常开门(扣除门)的禁止端将其关闭，扣除一个 a 路脉冲(见图 7.10(d))，使分频器输出脉冲的相位滞后 $\frac{1}{n}$ 周期，如图 7.10(e) 所示。如果本地同步脉冲相位滞后于接收码元脉冲时，相位比较器输出一个滞后脉冲去打开常闭门(附加门)，使脉冲序列(图 7.9 中 b 路)中的一个脉冲能通过此门及或门。正因为脉冲序列 a 和 b 相差半个周期，所以脉冲序列 b 中的一个脉冲常能插到常开门输出脉冲序列 a 中(图 7.10(f))，使分频器输入端附加了一个脉冲，于是分频器的输出相位就提前 $\frac{1}{n}$ 周期，如图 7.10(g) 所示。经过若干次调整后，使分频器输出的脉冲序列与接收码元序列达到同步的目的，即实现了位同步。

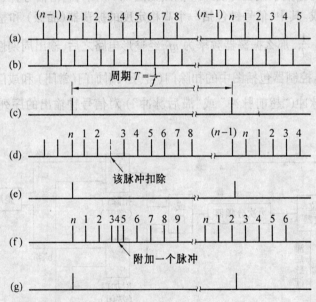

图 7.10 位同步脉冲的相位调整

7.4 群同步

数字通信时，一般总是以若干个码元组成一个"字"，若干个"字"组成一个"句"，即组成一个"群"进行传输。群同步的任务就是在位同步的基础上识别出这些数字信息群(字、句、帧)"开头"和"结尾"的时刻，使接收设备的群定时与接收到的信号中的群定时处于同步状态。为了实现群同步，通常采用的方法有起止式同步法和插入特殊同步码组的同步法两种。而插入特殊同步码组的方法有两种:一种为连贯式插入法,另一种为间隔式插入法。

7.4.1 起止式同步法

数字电传机中广泛使用的是起止式同步法。在电传机中,常用的是五单位码。为标志每个字的开头和结尾,在五单位码的前后分别加上 1 个单位的起码(低电平)和 1.5 个单位的止码(高电平),共 7.5 个码元组成一个字,如图 7.11 所示。接收端根据高电平第一次转到低电平这一特殊标志来确定一个字的起始位置,从而实现字同步。

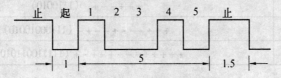

图 7.11 起止式同步波形

这种 7.5 单位码(码元的非整数倍)给数字通信的同步传输带来一定困难。另外,在这种同步方式中,7.5 个码元只有 5 个码元用于传递消息,因此传输效率较低。

7.4.2 连贯式插入法

连贯式插入法,又称集中插入法。它是指在每一信息群的开头集中插入作为群同步码组的特殊码组,该码组应在信息码中很少出现,即使偶尔出现,也不可能依照群的规律周期地出现。接收端按群的周期连续数次检测该特殊码组,这样便可获得群同步信息。

连贯式插入法的关键是寻找实现群同步的特殊码组。对该码组的基本要求是:具有尖锐单峰特性的自相关函数;便于与信息码区别;码长适当,以保证传输速率。

符合上述要求的特殊码组有:全 0 码、全 1 码、1 与 0 交替码、巴克码、电话基群帧同步码 0011011。目前常用的群同步码组是巴克码。

1. 巴克码

巴克码是一种有限长的非周期序列,它的定义如下:一个 n 位长的码组 $\{x_1, x_2, x_3, \cdots, x_n\}$,其中 x_i 的取值为 $+1$ 或 -1,若它的局部相关函数满足

$$R(j) = \sum_{i=1}^{n-j} x_i x_{i+j} = \begin{cases} n & (j=0) \\ 0 \text{ 或 } 1 & (0 < j < n) \\ 0 & (j \geq n) \end{cases} \qquad (7.20)$$

则称这种码组为巴克码,其中 j 表示错开的位数。

目前已找到的所有巴克码组见表 7.1,其中的 $+$、$-$ 号表示 x_i 的取值为 $+1$、-1,分别对应二进制码的"1"或"0"。

以 7 位巴克码组 $\{+++--+-\}$ 为例,它的局部自相关函数如下:

当 $j = 0$ 时,$R(j) = \sum_{i=1}^{7} x_i^2 = 1+1+1+1+1+1+1 = 7$;

当 $j = 1$ 时,$R(j) = \sum_{i=1}^{6} x_i x_{i+1} = 1+1-1+1-1-1 = 0$。

同样可求出 $j = 3, 5, 7$ 时,$R(j) = 0$;$j = 2, 4, 6$ 时,$R(j) = 1$。

表 7.1 巴克码组

n	巴克码组
1	++ (11)
2	++- (110)
3	+++- (1110); ++-+ (1101)
4	+++-+ (11101)
5	+++--+- (1110010)
6	+++---+-+- (11100010010)
7	+++++--++-+-+ (1111100110101)

2. 巴克码识别器

仍以 7 位巴克码为例。用 7 级移位寄存器、相加器和判决器就可以组成一个巴克码识别器,如图 7.12 所示。当输入码元的"1"进入某移位寄存器时,该移位寄存器的 1 端的输出电平为 +1,0 端输出电平为 -1。反之,进入"0"码时,该移位寄存器的 0 端输出电平为 +1,1 端输出电平为 -1。各移位寄存器输出端的接法与巴克码的规律一致,这样识别器实际上是对输入的巴克码进行相关运算。

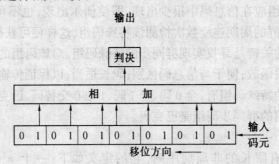

图 7.12 巴克码识别器

巴克码用于群同步是常见的,但并不是唯一的,只要是具有良好特性的码组均可用于群同步,例如,PCM30/32 路电话基群的连贯隔帧插入的帧同步码为 001011。

7.4.3 间隔式插入法

间隔式插入法又称为分散插入法,它是将群同步码以分散的形式均匀插入信息码流中。

这种方式比较多地用在多路数字电路系统中,如 PCM24 路集群设备以及一个简单的 ΔM 系统一般都采用 1、0 交替码型作为帧同步码间隔插入的方法。它与信码混淆的概率为 $\frac{1}{2}$,这样似乎无法识别同步码,但是这种插入方式在同步捕获时不是检测一帧两帧,而是连续检测数十帧,每帧都符合"1"、"0"交替的规律才确认同步。

分散插入的最大特点是同步码不占用信息时隔,每帧的传输效率较高,但是同步码捕获时间较长,它较适合于连续发送信号的通信系统,若是断续发送信号,每次捕获都需要较长的时间,反而降低效果。

分散插入常用滑动同步检测电路。所谓滑动检测,其基本原理是接收电路开机时处于捕捉态,当收到第一个与同步码相同的码元时,先暂认为它就是群同步码,按码同步周期检测下一帧相应位码元,如果也符合插入的同步码规律,则再检测第三帧相应位码元,如果连续检测 M 帧(M 为数十帧),每帧均符合同步码规律,则同步码已找到,电路进入同步状态。如果在捕捉态接收到的某个码元不符合同步码规律,则码元滑动一位,仍按上述规律周期性地检测,看它是否符合同步码规律,一旦检测不符合,就滑动一位……如此反复进行下去。若一帧共有 N 个码元,则最多滑动 $N-1$ 位,一定能把同步码找到。

7.4.4 群同步系统的性能

群同步系统的性能主要指标是同步可靠性(包括漏同步概率 P_1 和假同步概率 P_2)及同步建立时间 t_s。下面主要以连贯式插入法为例进行分析。

1. 漏同步概率 P_1

由于干扰的影响,接收的同步码组中可能出现一些错误码元,从而使识别器漏识已发出的同步码组,出现这种情况的概率称为漏同步概率,记为 P_1。以 7 位巴克码识别器为例,设判决门限为 6,此时 7 位巴克码只要有一位码出错,7 位巴克码全部进入识别器时,相加器输出由 7 变为 5,因而出现漏同步。如果将判决门限由 6 降为 4,则不会出现漏同步识别,这时判决器允许 7 位巴克码中有一位码出错。

漏同步概率与群同步的插入方式、群同步码的码组长度、系统的误码概率及识别器的电路和参数选取等均有关系。对于连贯式插入法,设 n 为同步码组的码元数,P_e 为码元错误概率,m 为判决器允许码组中错误码元最大值,则 $P^r \cdot (1-P)^{n-r}$ 表示 n 位同步码组中,r 位错码和 $n-r$ 位正确码同时发生的概率。当 $r \leq m$ 时,错码的位数在识别器允许的范围内,C_n^r 表示出现 r 个错误的组合数,所有这些情况,都能被识别器识别,因此未漏概率为

$$\sum_{r=0}^{m} C_n^r P^r (1-P)^{n-r} \tag{7.21}$$

故漏同步概率为

$$P_1 = 1 - \sum_{r=0}^{m} C_n^r P^r (1-P)^{n-r} \tag{7.22}$$

2. 假同步概率 P_2

假同步是指信息的码元中出现与同步码组相同的码组,这时信息码会被识别器误认为同步码,从而出现假同步信号,发生这种情况的概率称为假同步概率,记为 P_2。

假同步概率 P_2 是信息码元中能判为同步码组的组合数与所有可能的码组数之比。设二进制数字码流中,1、0 码等概率出现,则由其组合成 n 位长的所有可能的码组数为 2^n 个,而其中能被判为同步码组的组合数显然与 m 有关。如果错 0 位时被判为同步码,则只有 C_n^0 个(即一个);如果出现 r 位错也被判为同步码组的组合数为 C_n^r,则出现 $2C_n^r$ 种错都被判为同步码的组合数为 $\sum_{r=0}^{m} C_n^r$,因而假同步概率为

$$P_2 = 2^{-n} \sum_{r=0}^{m} C_n^r \tag{7.23}$$

比较式(7.22)和式(7.23)可见，m 增大(即判决门限电平降低)，P_1 减小，P_2 增大，所以两者对判决门限电平的要求是矛盾的。另外，P_1 和 P_2 对同步码长 n 的要求也是矛盾的，因此，在选择有关参数时，必须兼顾二者的要求。CCITT(国际电报电话咨询委员会)建议 PCM 基群同步码选择 7 位码。

3. 帧同步平均建立时间 t_s

对于连贯式插入法，假设漏同步和假同步都不出现，在最不利的情况，实现群同步最多需要一群的时间。设每群的码元数为 N(其中 n 位群同步码)，每码元的时间宽度为 T，则一群的时间为 NT。在建立同步过程中，如出现一次漏同步，则建立的时间要增加 NT；如出现一次假同步，建立的时间也要增加 NT，因此，帧同步的平均建立时间为

$$t_s \approx (1 + P_1 + P_2)NT \tag{7.24}$$

由于连贯式插入同步的平均建立时间比较短，因而在数字传输系统中被广泛应用。

7.5 网同步

网同步是指通信网的时钟同步，解决网中各站的载波同步、位同步和群同步等问题。对于单向通信(如广播)，以及一条链路的通信(如地面微波链路及光纤链路)，一般都是由接收机承担解决全部网同步的功能。对于多用户接入系统，如许多卫星通信系统，同步则完全是终端站的事。也就是说，为了达到同步的目的，终端站发射机的参数要做调整，而不是调整中心站的接收机参数。时分多址系统中必须采用这种方法，因为在 TDMA 系统中，每个用户只允许在分配给的一段时隙内发送信息。终端发射机必须和整个网同步，以求其发送的信息到达中心站时，恰好是中心站准备接收其信息的时间。

发射机同步方法可以分为开环和闭环两种。开环法不需依靠对中心站处接收信号参量的任何测量。终端站对其发送时间预先校正的根据是它所存储的链路参量数据，此数据是外部有关部门提供的。开环法依靠的是准确的可以预测的链路参量。当链路的路径确定，且链路本身一旦建立后将连续工作较长时间时，这种方法很好。但是当链路的路径不是确定的，或终端站只是断续地接入时，这种方法就难以有效使用。

闭环法则不需要预先得知链路参量的数据。链路参量数据在减少捕捉时间上会有一定的作用，但是不需要像开环法所要求的那样精确。在闭环法中，中心站需要度量来自终端站的输入信号的同步准确度，并将度量结果通过反向信道送给终端站。

开环法的主要优点是捕捉快、不需要反向链路也能工作和实时运算量小；其缺点是需要外部有关部门提供所需的链路参量数据，并且缺乏灵活性。闭环法的优点是不需要外部供给有关链路参量的数据，并且可以很容易地利用反向链路来及时适应路径和链路情况的变化；缺点是终端站需要有较高的实时处理能力，并且每个终端站和中心站之间要有双向链路。此外，捕捉同步也需要较长时间。

本章小结

同步是使接收信号与发射信号保持正确节拍,从而能正确地提取信息的一种技术,是通信系统中重要的、不可缺少的部分。同步方法可分为外同步和自同步两类。同步内容包括载波同步、位同步、帧(群)同步和网同步。

载波同步实为载波提取,即在接收端恢复载波,以用于相干解调。插入导频法是载波同步的一类方法,有频域插入和时域插入两种。直接法就是直接从接收信号中提取恢复载波的方法,包括非线性变换——滤波法和特殊锁相环法。对于像 DSB—SC 那样的接收信号,并不存在载波(ω_c)分量,因而需采用非线性变换来产生载频(或与之有关的)分量,然后在窄带 BPF 滤出,这就是非线性变换——滤波法。平方变换法就是一种非线性变换法,它产生 $2\omega_c$ 分量,在二分频即可得到 ω_c 分量。平方变换法是以锁相环取代平方变换法中的 BPF,性能更佳。特殊锁相环的典型例子是科斯塔斯环,又称同向正交环。它除了可以提取载波外,还有解调功能,且工作频率为 ω_c,比平方变换法低。平方变换法和同相正交环可用于 DSB、2PSK 信号。对 4PSK 信号,可采用四次方部件或四相科斯塔斯环,以此类推。

位同步是要找到与接收码元位置相对应的一系列脉冲。从抽样判决要求看,位同步脉冲(用抽样脉冲)应出现于接收码元波形的最大值点上。此外,位同步还用于码反变换、帧同步等单元中。与载波同步一样,位同步的方法亦可分为插入导频法和直接法两类四种。它们不同之处在于:载波同步是在已调信号层面上进行,而位同步是在基带信号层面上进行。例如:位同步的导频信号应在基带信号频谱零点处插入;而载波导频应在已调信号频谱零点处插入。前已说过,在接收端,载波同步先于位同步而出现,亦证明了此点。

帧同步又称群同步,这是在接收端同步之后出现的。其功能是对接收端已解调(载波同步)、并抽样判决整形(同位步)后的一系列串行码元(比特)流进行群组织识别,即分清哪些码元组成某一个群组(字,字节,码组,帧等),或识别每个群组的起、止点。帧同步的方法亦分为自同步和外同步两类。在外同步法中,起止式同步法用于电报,间隔式插入法用于 T1PCM 系统等,连贯式插入法的应用最为广泛。在连贯式插入法中,巴克码具有良好的相位分辨率,从而可作为帧同步码组,遗憾的是目前找到的最长巴克码仅 13 位。

网同步是解决网中各站的载波同步、位同步和群同步等问题。终端站发射机的参数要做调整,以达到同步的目的,时分多址系统中必须采用这种方法。

习 题

1. 对抑制载波的双边带信号、残留边带信号和单边带信号插入导频法实现载波同步时,所插入的导频信号形式有何异同点?

2. 用四次方部件法和四相科斯塔斯环法提取四相移相信号中的载波,是否都存在相位模糊问题?

3. 对抑制载波的双边带信号,试叙述用插入导频法和直接法实现载波同步各有什么优缺点。

4. 在采用数字锁相法提取位同步中,微分整流型和同相正交积分型方法在抗干扰能力、同步时间和同步精度上有何异同?

5. 一个采用非相干解调方式的数字通信系统是否必须有载波同步和位同步?其同步性能的好坏对通信系统的性能有何影响?

6. 已知由三个符号所组成的三位码,最多能组成 8 个无逗号码字,若组成四位码最多能组成的无逗号码字数为多少?若分别在这两种情况下将其中的第一位用做同步码元而实现逐码移位法群同步,问最多能组成的可能码字分别为多少?

7. 当用滑动相关法和前置同步码法实现初始同步时,它们所花的搜索时间分别与什么因素有关?

8. 某数字传输系统采用 7 位巴克码 0100111 作为连贯式插入法帧同步码组,其中"1"取 +1,"0" 取 -1。试作答:
(1) 求出巴克码的局部自相关函数,并画出图形;
(2) 若以该巴克码作为帧同步码,画出相应的巴克码识别器;
(3) 若判决门限改为 +4 V,求该识别器的假同步概率。

第 8 章 多路复用原理和多址技术介绍

【学习目标】

掌握多路复用的基本原理,了解移动通信中的多址技术及应用介绍。为学习移动通信奠定基础。

【知识要点】

1. 频分复用基本原理。
2. 时分复用基本原理。
3. 码分复用基本原理。
4. 了解移动通信中的多址技术。

8.1 多路复用的概念

为了提高通信系统信道的利用率,通常多路信号共享同一信道进行信号的传输,为此,引入信道多路复用的概念。多路复用是指在同一信道上传输多路信号而互不干扰的一种技术。最常用的多路复用方式有频分复用(FDM)、时分复用(TDM)和码分复用(CDM)。按频带区分信号的方法是频分复用;按时隙区分信号的方法是时分复用;按相互正交的码字区分信号的方法是码分复用。

8.1.1 频分复用

频分复用就是在发送端利用不同频率的载波将多路信号的频谱调制到不同的频段,以实现多路复用。频分复用的多路信号在频谱上不会重叠,合并在一起通过一条信道传输,到达接收端后,通过中心频率不同的带通滤波器彼此分离开来。图 8.1 所示为一个频分复用系统的组成框图。

在选择载频时,既应考虑到每一路已调信号的频谱宽度 f'_m,还应留有一定的防护频带 f_g。为了各路信号频谱不重叠,要求载频间隔为

$$f_s = f_{c(i+1)} - f_{ci} = f'_m + f_g \quad (i = 1, 2, \cdots, n) \tag{8.1}$$

式中 f_{ci} 和 $f_{c(i+1)}$ ——第 i 路和第 $i+1$ 路的载波频率。

n 路频分复用信号的总频带宽度为

通信原理

$$B_n = nf'_m + (n-1)f_g = (n-1)f_s + f'_m \tag{8.2}$$

频分复用信号原则上可以直接在信道中传输,但在某些应用中,还需要对合并后的复用信号再进行一次调制。

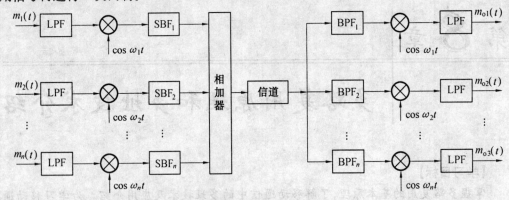

图 8.1 频分复用系统组成框图

8.1.2 时分复用和多路数字电话系统

时分复用(TDM)的主要特点是利用不同时隙传送各路不同信号,如图 8.2 所示。图中假定每路信号采用 4 b 编码,每路码时间上互不重叠,每一路的抽样频率必须符合抽样定理要求,但其占用时间间隔宽度 T_c 没有具体限制。显然,T_c 越小,则能传输的路数越多。

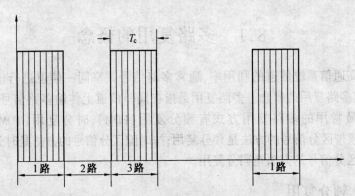

图 8.2 时分多路复用的原理示意图

需要说明的是,时分复用前的各路信号若为基带信号,时分复用后的信号仍然是基带信号。不过这个时候是 N 路信号合在一起的基带信号,这个基带信号可以通过基带传输系统直接传输,也可以经过对载频调制后通过频带传输系统传输。

时分复用是利用各路信号的抽样值在时间上占据不同的时隙,在同一信道中传输多路信号而互不干扰的一种多路复用技术。3 路 PCM 信号时分复用的原理方框图如图 8.3 所示。

1. 时分复用的 PCM 系统的码元速率和带宽

抽样时各路每轮一次的时间称为一帧,长度记为 T_s,也就是旋转开关旋转一周的时间,即一个抽样周期。它与抽样频率 f_s 成倒数关系,即

· 134 ·

第8章 多路复用原理和多址技术介绍

图 8.3　3 路 PCM 信号时分复用原理图

$$T_s = \frac{1}{f_s} \tag{8.3}$$

一帧中相邻两个抽样脉冲之间的时间间隔称为路时隙(简称时隙),即每路 PAM 信号每个样值允许占用的时间间隔,记为 T_a。假设复用路数为 n,则

$$T_a = \frac{T_s}{n} \tag{8.4}$$

一位二进制码元占用的时间称为位时隙,长度记为 T_b。如果对每个抽样值进行量化编码得到的二进制码元位数为 l,则

$$T_b = \frac{T_s}{n \cdot l} = \frac{T_a}{l} \tag{8.5}$$

可见,TDM – PCM 系统的二进制代码的码元速率为

$$R_B = n \cdot l \cdot f_s (\text{b}) \tag{8.6}$$

对应的信息速率为

$$R_b = n \cdot l \cdot f_s (\text{b/s})$$

其中,n 表示复用路数,l 表示每个抽样值编码的二进制码元位数,f_s 表示一路信号的抽样频率。

采用矩形脉冲传输的 TDM – PCM 的第一零点带宽为

$$B = \frac{1}{\tau} \tag{8.7}$$

式中　τ——二进制码元的脉冲宽度。

如果考虑无码间干扰,结合第4章无码间干扰的基带传输特性的理论,传输 PCM 信号的带宽通常分两步求得:

① 利用式(8.6)得到码元速率;

② 利用频带利用率 $\left(\dfrac{R_B}{B}\right)_{max} = \dfrac{2}{1+\alpha}$,得到 PCM 信号的带宽。

【例 8.1】　对 10 路最高频率为 3 400 Hz 的话音信号进行 TDM – PCM 传输,抽样频率为 8 000 Hz。抽样合路后对每个抽样值按照 8 级量化,并编为自然二进码,码元波形是宽度为 τ 的矩形脉冲,且占空比为 0.5。计算 TDM – PCM 基带信号的第一零点带宽。

解　二进制码元的速率为

$$R_B = n \cdot l \cdot f_s = n \cdot \log_2 M \cdot f_s = 10 \times 3 \times 8\,000 = 240\,000$$

因为二进制码元速率 R_B 与二进制码元宽度 T_b 成倒数关系,所以

$$T_b = \frac{1}{R_B}$$

因为占空比为 0.5,所以 $\tau = 0.5T_b$,则 PCM 基带信号第一零点带宽为

$$B = \frac{1}{\tau} = 480\ 000\ \text{Hz}$$

【例 8.2】 对 10 路最高频率为 4 000 Hz 的话音信号进行 TDM – PCM 传输,抽样频率为奈奎斯特抽样频率。抽样合路后对每个抽样值按照 8 级量化,计算传输此 TDM – PCM 信号所需的奈奎斯特带宽。

解 因为抽样频率为奈奎斯特抽样频率,所以

$$f_s = 2f_H = 8\ 000\ \text{Hz}$$

则二进制码元的速率为

$$R_B = n \cdot l \cdot f_s = n \cdot \log_2 M \cdot f_s = 10 \times 3 \times 8\ 000 = 240\ 000$$

由奈奎斯特准则可知

$$\left(\frac{R_B}{B}\right)_{max} = 2\ \text{b/Hz}$$

所以奈奎斯特带宽 $B = 120\ 000\ \text{Hz}$。

【例 8.3】 对 10 路最高频率为 3 400 Hz 的话音信号进行 TDM – PCM 传输,抽样频率为 8 000 Hz。抽样合路后对每个抽样值按照 8 级量化,再编为二进制码,然后通过 $\alpha = 1$ 的升余弦滤波器再进行 2PSK 调制,计算所需的传输带宽。

解 因为二进制码元的速率为

$$R_B = n \cdot l \cdot f_s = n \cdot \log_2 M \cdot f_s = 10 \times 3 \times 8\ 000 = 240\ 000$$

由

$$\left(\frac{R_B}{B_{基带}}\right)_{max} = \frac{2}{1 + \alpha} = 1\ \text{b/Hz}$$

得到通过升余弦滤波器后数字基带信号的带宽 $B_{基带} = 240\ 000\ \text{Hz}$。

2. 多路数字电话系统

对于多路数字电话系统,国际上有两种标准化制式,即 PCM30/32 路制式(E 体系)和 PCM24 路制式(T 体系)。我国规定采用的是 PCM30/32 路制式,一帧共有 32 个时隙,可以传送 30 路电话,即复用的路数 $n = 32$,其中话路数为 30。PCM30/32 路系统的帧结构如图 8.4 所示。

可见,一个复帧由 16 帧组成,一帧由 32 个时隙组成,一个时隙有 8 个比特。PCM 30/32 路系统中,每路语音信号的抽样频率为 8 000 Hz,帧周期为 1/8 000 = 125 μs,每路占用的时隙为 125/32 = 3.91 μs,位时隙占 488 ns。从传输速率来讲,每秒能传送 8 000 帧,而每帧包含 32 × 8 = 256 b,因此,PCM30/32 路系统的码元速率为 256 × 8 000 = 2.048 Mb,信息速率为 2.048 Mb/s。

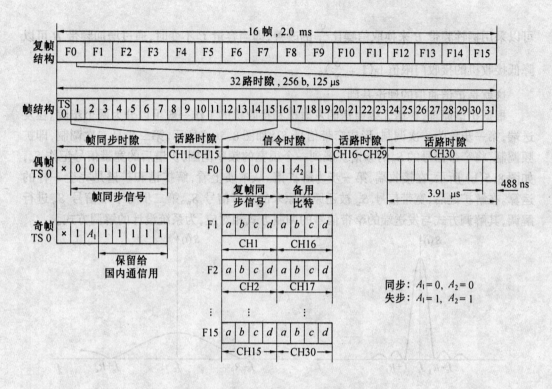

图 8.4 PCM 30/32 路系统的帧结构

8.1.3 码分复用

码分复用的基础是扩谱技术,使用一个伪随机噪声序列或伪随机码(PN)序列与窄带 PSK 信号相乘。扩谱后的码序列带宽远远大于扩谱前的信息序列带宽。下面介绍 CDM 的基本原理。

我们知道,在通信理论和信息论中著名的香农公式为

$$C = BT\lg(1 + \frac{S}{N}) \tag{8.8}$$

式中 B——限频带宽;

T——限时时隙,一般在通信原理中取 $T = 1$;

$\frac{S}{N}$——功率信噪比;

C——信道容量。

香农公式告诉我们,对于一个限时(T)、限频(B)、限功率(S)的连续白噪声高斯信道,其信道容量可以用 3 个主要信号参量 T、B 和 $\frac{S}{N}$ 来表示。也就是说,当这 3 个参量确定以后,信道容量 C 也就确定了,同时也表明,当信道容量 C 不变时,这 3 个参量的值可以互换,即时域、频域和功率域之间能够互相调整。这一理论奠定了开辟新的通信制式的理论基础,从而产生了 CDM。

对于移动通信来说,为了保证信号传输质量,信噪比 $\frac{S}{N}$ 是主要矛盾。根据香农公式,

可以采用牺牲频带 B 来换取信噪比 $\dfrac{S}{N}$ 的改善,即当容量 C 不变时,通过增加频带 B 可以降低接收机的接收门限值 $\lg(1+\dfrac{S}{N})$。

这就是扩谱通信的理论基础。

根据扩谱原理,扩谱无线通信的发射机和接收机的工作一般可以分为两个步骤。在发送端,第一步称为一次调制,形成窄带信号 S_n,如图 8.5(a) 所示。第二步是二次调制,即扩频调制,将窄带信号的 S_n 的频谱扩展到一个很宽的频率范围,扩谱后的宽带信号记作 S_w,如图 8.5(b) 所示。在接收端,第一步为解扩谱。从本质上看,解扩谱和扩谱是完全一样的运算。在解扩之后,宽带信号 S_w 被还原成原来的窄带信号 S_n。第二步对窄带信号 S_n 进行解调,其解调方式与发送端的窄带信号的调制方式相对应,为系统设计的解调方式。

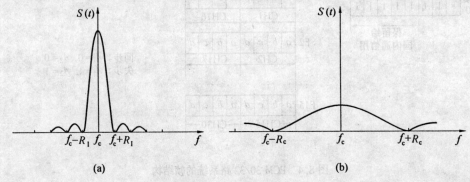

图 8.5 扩频频谱示意图

扩谱的一个重要作用是抑制外来强烈窄带信号的干扰,以保证通信质量。假设接收到的宽带信号为 S_w,同时伴有外来较强的窄带干扰信号 $i_n(t)$,如图 8.6(a) 所示。外来的窄带干扰信号经过解扩以后转换为宽带信号,这样,解扩谱过程就将输入的信号转变成一个有用的窄带信号和若干个宽带干扰信号之和。因为带通滤波器的带宽 B_n 等于窄带信号的 S_n 的带宽,而 $i_n(t)$ 带宽 B_w 远远大于 B_n,仅有一小部分干扰信号的能量可以通过滤波器,成为残余干扰,这样就达到了降低外来干扰的目的,如图 8.6(b) 所示。

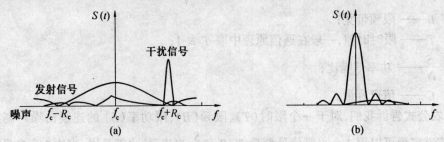

图 8.6 CDM 解调原理频谱示意图

码分复用是用一组相互正交的码字区分信号的多路复用方法。在码分复用中,各路信号在频谱上和时间上都是混叠的,但是代表每路信号的码字是正交的,也可以是准正交或超正交的。

用 $x=(x_1,x_2,\cdots,x_N)$ 和 $y=(y_1,y_2,\cdots,y_N)$ 表示两个码长为 N 的码字(也称为码

组),二进制码元 $x_i, y_i \in (+1, -1), i = 1, 2, \cdots, N$。定义两个码字的互相关系数为

$$\rho(x, y) = \frac{1}{N} \sum_{i=1}^{N} x_i y_i \qquad (8.9)$$

可见,互相关系数 $-1 \leq \rho(x, y) \leq 1$。

如果互相关系数

$$\rho(x, y) = 0 \qquad (8.10)$$

则称码字 x 和 y 相互正交。

如果互相关系数

$$\rho(x, y) \approx 0 \qquad (8.11)$$

则称码字 x 和 y 准正交。

如果互相关系数

$$\rho(x, y) < 0 \qquad (8.12)$$

则称码字 x 和 y 超正交。

沃尔什(Walsh)码是一种应用较为广泛的正交码,它可以由下面的递推式来生成:

$$H(n) = \begin{bmatrix} H(n-1) & H(n-1) \\ H(n-1) & -H(n-1) \end{bmatrix} \qquad (8.13)$$

其中 $H(n)$ 为哈德玛矩阵,它是 $2^n \times 2^n$ 阶方阵。$H(n)$ 矩阵中的 2^n 个行向量就是 Walsh 码的 2^n 个码字,码字之间两两正交。

如果将正交码字用于码分复用中作为"载波",则合成的多路信号经信道传输后,在接收端可以采用计算互相关系数的方法将各路信号分开。图8.7中画出了4路信号进行码分复用的原理图。

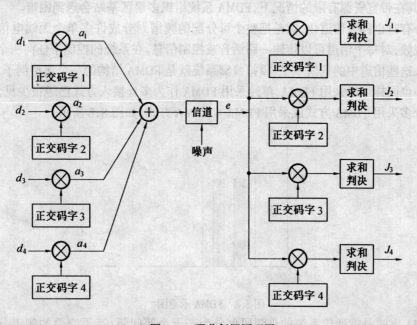

图8.7 码分复用原理图

信道中的多路复用信号为

$$e = \sum_{k=1}^{K} a_k = \sum_{k=1}^{K} d_k W_k \qquad (8.14)$$

接收机可以通过计算

$$\rho(e, W_k) = \frac{1}{N}\sum_{n=1}^{N} e_n W_{k,n} = \frac{1}{N}\sum_{n=1}^{N}\sum_{k=1}^{K} d_k W_{k,n} W_{k,n} = d_k \quad (k = 1, 2, \cdots, K) \qquad (8.15)$$

恢复出第 k 个用户的原始数据。其中，W_k 表示第 k 个用户的正交码字；d_k 表示第 k 个用户发送的数据；K 表示用户数；N 表示正交码字的码长。

8.2 多址技术介绍

多路复用和多址技术都是为了共享通信网的资源，这两种技术有许多相同之处。多址技术是指多个用户按照某种规定程序共同享用一条传输信道的技术方案。多址方式的选择与移动通信传输的频谱、信道的利用率、系统容量和业务种类有密切的关系。下面主要介绍当前移动通信常用的多址方式，主要有频分多址(FDMA)、时分多址(TDMA)和码分多址(CDMA)。

8.2.1 频分多址(FDMA)

频分多址(FDMA)是最成熟的多址复用方式之一，采用 FDMA 寻址方式，系统中心站具有 N 个信道，每个信道对应一个中心载频；所有的远端站 TS 可以共享中心站的信道资源，即在中心站的控制下，TS 可工作在任一载频信道上。FDMA 的特点是技术成熟、稳定、容易实现且成本较低；主要缺点是频谱利用率较低，每个用户（远端站）都要占用一定的频带，尤其在带宽资源有限的情况下，FDMA 系统组织多扇区基站会遇到困难。

频分有时也称为信道化，就是把整个可分配的频谱划分成许多单个无线电信道发射和接收载频，对每个信道可以传输一路话音或控制信息。在系统的控制下任何一个用户都可以接入这些信道中的任何一个。模拟蜂窝系统就是 FDMA 结构的一个典型例子，数字蜂窝系统中也同样可以采用 FDMA，单纯采用 FDMA 作为多址接入方式已经很少见，目前的实用系统多采用 TDMA 方式或采用 FDMA + TDMA 方式，如图 8.8 所示。

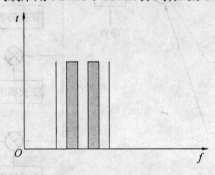

图 8.8 FDMA 示意图

FDMA 方式是把通信系统的总频段划分为若干个等间隔、互不交叠的频道分配给不同的用户使用，每个频道的宽度都能传输一路话音信息，在相邻频道间无明显的串扰。把系统中的小区划为区群,每个区群有 K 个小区。再把总频段 W 分成 $U = W/B$ (B 是频道宽度) 个频道,把它们互不重复地分成 K 个频组,指配给一个区群的 K 个小区使用。利用蜂窝区群结构的频率复用特点,U 个频道在蜂窝结构的不同区群中被重复利用,这样能同时通话的用户数,即每小区的用户数会大幅度增加。在总频率资源和用户信道带宽 M 给定的前提下,区群内的信道数是一定的,所以小区的容量就取决于区群内所含的小区数,即小区数 K 越小,小区内的频道数 M/K 就越大。但是小区数 K 越小,相邻区群之间的地理位置靠得越近,同频(共道)小区之间存在的同频(共道)干扰就越大。因此小区数目受制于同频小区的共道干扰。在模拟蜂窝系统中,要求接收端载干比(C/I)大于等于 18 dB,这时解调后的基带信噪比(S/N)可达 38 dB,能满足通信话音质量的要求。

8.2.2 时分多址(TDMA)

时分多址(TDMA)也是非常成熟的通信技术,是在一个宽带的无线载波上按时间(或称为时隙)划分为若干时分信道,每一个用户占用一个时隙,只在这一指定的时隙内收或发信号,故称为时分多址。TDMA 的一个信道由连续的周期性时隙构成,不同信号被分配到不同的时隙里,系统中心站将用户数据按时隙排列(TDM)广播发送,所有的 TS 都可接收到,根据地址信息取出送给自己的数据,下行发送使用一个载频;所有 TS 共享上行载频,在中心站控制下,按分配给自己的时隙将数据猝发到中心站,如图 8.9 所示。此多址方式在数字蜂窝系统中采用,GSM 系统也采用了此种方式。由于 TDMA 的频谱利用率相对 FDMA 要高,在目前的宽带无线接入领域中被广泛采用。

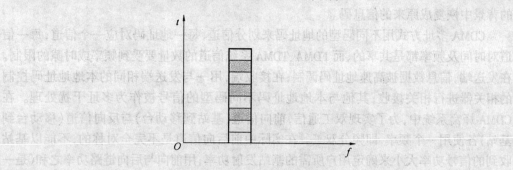

图 8.9 TDMA 示意图

TDMA 是一种较复杂的结构,最简单的情况是单路载频被划分成许多不同的时隙,每个时隙传输一路猝发式信息。TDMA 中关键部分为用户部分,每一个用户分配给一个时隙,用户与基站之间进行同步通信,并对时隙进行计数。当自己的时隙到来时,手机就启动接收和解调电路对基站发来的猝发式信息进行解码。同样,当用户要发送信息时,首先将信息进行缓存等到自己时隙的到来。在时隙开始后,再将信息以加倍的速率发射出去,然后又开始积累下一次猝发式传输。

TDMA 方式是把时间分割成周期性不交叠的帧,每一帧再分割成若干个不交叠的时隙,再根据一定的时隙分配原则,使各个移动台在每帧内按指定的时隙发送信号,在接收端按不同时隙来区分出不同用户的信息,从而实现多址通信。由于 TDMA 采用了话音编码技术,再加上移动台辅助越区切换技术、跳频技术和分集技术等手段的运用,TDMA 数字蜂窝通信系统的容量可以提升至 FDMA 系统的 3 倍乃至更高。

以 GSM 系统为例,系统总带宽 $\omega = 25$ MHz,信道宽度 $B = 200$ kHz,每频道含 8 个时隙,则信道总数 $M = 25 \times 8/0.2 = 1\ 000$;小区半径为 1 km,每小区分 3 个扇区,运用了跳频技术后的 $C/I = 9$ dB,共道再用因子 $q = 2.62 \approx 3$;每小区信道数为 $1\ 000/3 \approx 333$。

8.2.3 码分多址(CDMA)

CDMA 就是给每一个信号分配一个伪随机二进制序列进行扩频,不同信号的能量被分配到不同的伪随机序列里,中心站使用正交的 PN 码作为信道标志,与不同 TS 通信使用同一频率,但不同的 PN 码扩频来实现;每个 TS 都可以同时收到中心站发给所有 TS 的信号,中心站要同时接收来自各 TS 的同一频率不同 PN 码的信号。CDMA 系统保证通信质量必须做到:PN 码之间正交特性良好;PN 码要有足够长度,以提高扩频增益,即干扰容限。提高扩频处理增益与支持宽带业务接入是一对矛盾,在 3.5 GHz 频段频率资源有限情况下,采用码分多址技术的无线接入系统以窄带业务为主。

码分多址是一种利用扩频技术所形成的不同的序列实现的多址方式。它不像FDMA、TDMA 那样把用户的信息从频率和时间上进行分离,它可在一个信道上同时传输多个用户的信息,也就是说,允许用户之间的相互干扰。其关键是信息在传输以前要进行特殊的编码,编码后的信息混合后不会丢失原来的信息。有多少个互为正交的码序列,就可以有多少个用户同时在一个载波上通信。每个发射机都有自己唯一的代码(伪随机码),同时接收机也知道要接收的代码,用这个代码作为信号的滤波器,接收机就能从所有其他信号的背景中恢复成原来的信息码。

CDMA 多址方式用不同码型的地址码来划分信道,每一地址码对应一个信道,每一信道对时间及频率都是共享的,而 FDMA、TDMA 系统信道的数量要受到频率或时隙的限制。在发送端,信息数据被高速地址码调制;在接收端,用一与发送端相同的本地地址码控制的相关器进行相关接收;其他与本地地址码不同码型的信号被作为多址干扰处理。在 CDMA 蜂窝系统中,为了实现双工通信,前向信道(基站到移动台)与反向信道(移动台到基站)各使用一个频率,即频分双工。在实际中前后向信道是不完全对称的,不能以基站收到的信号功率大小来确定用户所需的基站发射功率;用前向与后向链路功率之和(是一个常数)来确定基站发射功率。

本章小结

复用与多址在技术上的主要区别是多址需要解决码速调整问题。一条通信链路传输多路独立信号称为链路复用。这种通信链路称为多路链路。多条多路链路的互联称为复接。

动态地分配链路或网络资源给多个用户,使资源得到充分利用,称为多址接入。

多址接入技术主要分为频分多址、时分多址和码分多址。频分多址用在第一代模拟通信中。时分多址主要用在第二代移动通信中,数字蜂窝系统共同使用频分多址与时分多址。码分多址技术是第三代移动通信中最关键的技术,也是未来移动通信中的关键技术。

习 题

1. 什么是多路复用？
2. 多路复用技术主要有哪些方法？
3. 如何计算频分复用信号的传输带宽？
4. 如何计算时分复用信号的传输带宽？
5. PCM30/32 路的帧结构中 TS0 和 TS16 的作用有哪些？
6. 多路复用主要有哪 3 种方法？
7. 频分复用一般采用哪种调制方式？
8. 试述频分复用的原理及优缺点。
9. 试述时分复用的原理及优缺点。
10. 试述码分复用的原理。

第9章 通 信 网

【学习目标】
了解通信网的基本组成；了解不同功能通信网的结构。
【知识要点】
1. 电话网的基本结构。
2. 数据网的基本结构。
3. 移动网的基本结构。

9.1 电 话 网

电话网目前主要有固定电话网、移动电话网和IP电话网，本章主要讲述固定电话网即公用电话交换网（Public Switched Telephone Network，PSTN）。PSTN采用电路交换方式，其结点交换设备是数字程控交换机，另外还应包括传输设备及终端设备。为了使全网协调工作还应有各种标准、协议。

9.1.1 电话网的组成

我国电话网采用等级结构，把所有交换局划分成多个等级，低等级的交换局与管辖它的高等级交换局相连，逐级将通信流量汇集起来。一般是低等级的交换局与管辖它的高等级的交换局相连，形成多级汇集辐射网，最高级的交换局采用直接互联，组成网状网。等级结构的电话网一般是复合型网，这种结构可以将各区域的话务流量逐级汇集，保证通信质量的同时又提高了电路利用率。

9.1.2 电话网的结构

1. 本地网

本地电话网简称本地网，是指在同一个长途编号区范围内，由端局、汇接局、局间中继线、长市中继线，以及用户线、电话机组成的电话网。每个本地网都是一个自动电话交换网，在同一个本地网内，用户相互之间呼叫只需拨本地电话号码。本地网是由市话网扩大而形成的，在城市郊区、郊县城镇和农村实现了自动接续，把城市及其周围郊区、郊县城镇和农村统一起来组成本地网。

(1)本地网的网络结构

由于各中心城市的行政地位、经济发展及人口的不同,扩大的本地网交换设备容量和网络规模相差很大,所以网路结构分为以下两种。

①网形网。网形网是本地网结构中最简单的一种,网中所有端局个个相连,端局之间设立直达电路。当本地网内交换局数目不太多时,采用这种结构,如图9.1所示。

②二级网。对于采用二级结构的本地网,就是将本地网分区,分成若干个汇接区,在汇接区内设汇接局,每一个汇接局下设若干个端局。汇接局之间以及汇接局与端局之间都设置低呼损的直达中继群。不同汇接局之间的呼叫通过这些汇接局之间的中继群沟通。根据汇接方式的不同,可以分为去话汇接、来话汇接、来去话汇接等。

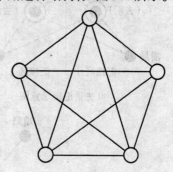

图9.1 网形网

a.去话汇接。去话汇接的基本方式如图9.2(a)所示。图中,虚线把本地网络分为两个汇接区,分别为汇接区1和汇接区2。每个区内的汇接局除了汇接本区内各个端局之间的话务以外,还汇接去往另一个汇接区的话务。每个端局对所属汇接区的汇接局建立直达去话中继电路,而对全网所有汇接局都建立低呼损来话直达中继电路,即"去话汇接,来话全覆盖"。

在实际应用时,为了提高可靠性,常常在每个汇接区内使用一对汇接局来全面负责本汇接区内各端局间的来去话汇接任务,而且这一对汇接局还可以同时汇接本区内去往另一汇接区中每一端局的话务。

b.来话汇接。来话汇接的基本方式如图9.2(b)所示。来话汇接基本与去话汇接方式相似,仅改去话为来话,即"来话汇接,去话全覆盖"。

c.来去话汇接。图9.2(c)所示为来去话汇接的基本结构示意图,其中每一个汇接区中的汇接局既汇接去往其他区的话务,也汇接从其他汇接区送过来的话务。每个端局仅与所属汇接区的汇接局建立直达来去话中继电路,区间只有汇接局间的直达中继电路连线。为了提高可靠性,在实际应用时往往在每个汇接区内设置一对汇接中心。每个端局与本区内的两个汇接局间有直达路由,汇接局和每一个端局与长途局之间也都可以有直达路由。

上述各种汇接方式,在实际应用中,可以在端局之间或端局与另一个汇接区的汇接局之间设置高效直达路由。

2.长途网及其结构的演变

(1)传统四级长话网结构

早在1973年电话网建设初期,鉴于当时长途话务流量的流向与行政管理的从属关系几乎相一致,即呈纵向的流向,邮电部明确规定我国电话网的网路等级分为五级,由一、二、三、四级长途交换中心及本地五级交换中心即端局组成。五级电话网络结构示意图如

图9.3所示。电话网由长途网和本地网两部分组成。长途网设置一、二、三、四级长途交换中心,分别用 C_1、C_2、C_3 和 C_4 表示;本地网设置汇接局和端局两个等级的交换中心,分别用 T_m 和 C_5 表示,也可只设置端局一个等级的交换中心。

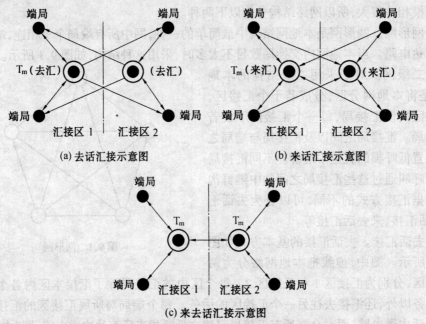

图9.2 本地网汇接方式

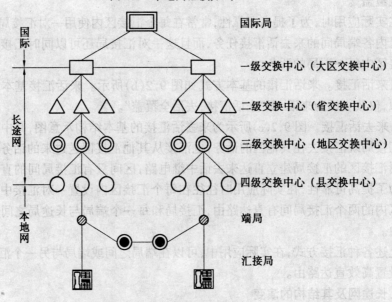

图9.3 五级电话网结构示意图

我国电话网长期采用五级汇接的等级结构,全国分为8个大区,每个大区分别设立一级交换中心 C_1,C_1 的设立地点为北京、沈阳、上海、南京、广州、武汉、西安和成都,每个 C_1 间均有直达电路相连,即 C_1 间采用网形连接。在北京、上海、广州设立国际出入口局,用以和国际网连接。每个大区包括几个省(区),每省(区)设立一个二级交换中心 C_2,各地区设立三级交换中心 C_3,各县设立四级交换中心 C_4。$C_1 \sim C_4$ 组成长途网,各级有管辖关系的交换中心间一般按星形连接,当两交换中心无管辖关系但业务繁忙时也可设立直达电路。C_5 为端局,需要时也可设立汇接局,用以组建本地网。

(2)二级长途网

五级电话网络结构的电话网在网络发展的初级阶段是可行的,这种结构在电话网由人工向自动、模拟向数字的过渡中起了较好的作用,然而在通信事业高速发展的今天,由于经济的发展,非纵向话务流量日趋增多,新技术新业务层出不穷,多级网路结构存在的问题日益明显。就全网的服务质量而言主要表现如下:转接段数多,如两个跨地市的县级用户之间的呼叫,需经 C_4、C_3、C_2 等多级长途交换中心转接,接续时延长,传输损耗大、接通率低;可靠性差,多级长途网,一旦某节点或某段电路出现故障,将会造成局部阻塞。

此外,从全网的网络管理、维护运行来看,网络结构级数划分越多,交换等级数量就越多,使网管工作过于复杂,同时,不利于新业务网络的开放,更难适应数字同步网、No.7 信令网等支撑网的建设。

目前,我国的长途网正由四级向二级过渡,由于 C_1、C_2 间直达电路的增多,C_1 的转接功能随之减弱,并且全国 C_3 扩大本地网形成,C_4 失去原有作用,趋于消失。目前的过渡策略是:一、二级长途交换中心合并为 DC_1,构成长途二级网的高平面网(省际平面);C_3 被称为 DC_2,构成长途二级网的低平面网(省内平面)。长途二级网的等级结构如图 9.4 所示。

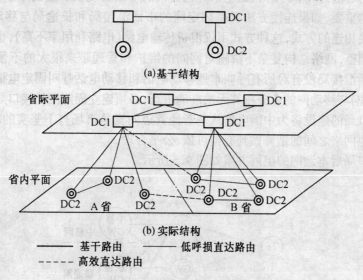

图 9.4 长途二级网的等级结构

①DC_1(省级交换中心)。省级交换中心综合了原四级网中的 C_1 和 C_2 的交换职能,设在省会(直辖市)城市,汇接全省(含终端)长途话务。在 DC_1 平面上,DC_1 局通过基干路由全互联。DC_1 局主要负责所在省的省际长话业务以及所在本地网的长话终端业务,也可能作为其他省 DC_1 局间的迂回路由,疏通少量非本汇接区的长途转话业务。省会城市一般设两个 DC_1 局。

②DC_2(本地网交换中心)。本地网交换中心综合了原四级中的 C_3 和 C_4 交换职能,设

在地(市)本地网的中心城市,汇接本地网长途终端话务。在 DC_2 平面上,省内各 DC_2 局间可以是全互联的,也可以不是,各 DC_2 局通过基干路由与省城的 DC_1 局相连,同时根据话务量的需求可建设跨省的直达路由。DC_2 局主要负责所在本地网的长话终端业务,也可作为省内 DC_2 局之间的迂回路由。疏通少量长途转话业务。

随着光纤传输网的不断扩容,减少网络层次、优化网络结构的工作需继续深入。目前有两种提法:第一,取消 DC_2 局,建立全省范围的 DC_1 大本地电话网的方案;第二,取消 DC_1 局,全国的 DC_2 本地网全互联的方案。两个方案的目标都是要将全国电话网改造成长途一级、本地网一级的二级网。

9.1.3 多运营商时电话网的组网方式

中国加入 WTO 后,随着电信管理体制改革的深化,我国电信市场发生了深刻的变化。从 1994 年初中国联通的出现、1998 年邮政与电信分营、1999 年移动通信与中国电信的脱离及 2002 年中国电信南北的正式分离,到各专用局和专业平台的不断出现,种种变化都使目前的中国电信集团将面对各种不同的运营公司,迎接日益激烈的竞争和挑战。

我们把中国电信现有电话网和其他运营商电信网络(如中国移动通信网等)的网间互联物理接口点称为互联点(POI)。互联点两侧的交换机作为网间互联的关口局(GW)承担网间核账的功能。

各种移动通信公司、专用网、IP 电话经营公司的不断出现及容量的不断扩大,网间互联显得越来越重要,如果连接方法仍是固定网的市话汇接局和长途局与移动网、其他 IP 经营网等直接相连的方式,这种方式不仅浪费传输电路(电路利用率不高),也不利于将来网络结构的调整,网络结构复杂不清晰对网间的维护和管理带来很大的不便。由于电信固定网的市话汇接局没有对所有呼叫本地移动电话和移动电话呼叫固定电话进行详细计费,因此固定网与移动网的业务核算无法准确进行,必须建立固定网的接口局。

网间接口局的建设将为中国电信从垄断经营迈向竞争市场打下坚实的基础,使中国电信网与其他网络之间的结算做到有据可依、公平合理。

建立接口局后本地网的组网方案如图 9.5 所示。

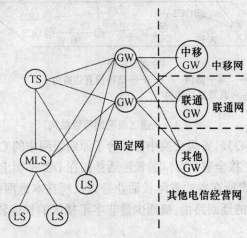

图 9.5 本地网与其他运营商组网方案示意图

目前互联互通必须按互联互通部门双方协议进行,其开放的字冠和各类话务中继分群路由等局数据的增加与修改,一定要有据可依,双方网间一般按本地发话话务和长途落地话务或 IP 话务进行分群处理。

9.2 数据通信网

从某种意义上讲,计算机网络是建立在数据通信系统之上的资源共享系统。因计算机网络主要是实现信息资源的共享与交换,而信息是以数据形式来表达的,故计算机网络必须要解决数据通信网的问题。

9.2.1 数据通信网系统模型

数据通信网是由分布在各处的数据终端、数据传输设备、数字交换设备和数字通信线路构成的系统,实现数据传输、交换、存储和处理。典型的数据通信网系统模型由数据终端设备、数据电路和计算机系统三部分组成,如图 9.6 所示。对于通信的内容既可是二进制编码的字母、数字、符号,也可是数字化的声音和图像信息。

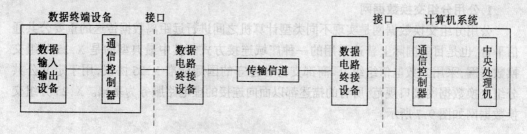

图 9.6 数据通信网系统模型

1. 数据终端设备(DTE)

在数据通信网络中,用于发送和接收数据的设备称为数据终端设备(简称 DTE)。DTE 可能是大、中、小型计算机,也可能是一台只接收数据的打印机,故 DTE 属于用户范畴,其种类繁多,功能差别较大。从计算机和计算机通信系统的观点来看,终端是输入/输出的工具;从数据通信网络的观点来看,计算机和终端都称为网络的数据终端设备,简称终端。

2. 数据电路终接设备(DCE)

数据电路终接设备(DCE)是用来连接 DTE 与数据通信网络的设备,为用户设备提供入网的连接点,其功能就是完成数据信号的变换。由于传输信道可能是模拟的,也可能是数字的,DTE 发出的数据信号不适合信道传输,所以要把数据信号变成适合信道传输的信号。例如,利用模拟信道传输,要进行"数字→模拟"变换,方法就是调制;而接收端要进行反变换,即"模拟→数字"变换,这就是解调。实现调制与解调的设备称为调制解调器(MODEM),它属于数据电路终接设备。在利用数字信道传输信号时不需调制解调器,但 DTE 发出的数据信号也要经过某些变换才能有效而可靠地传输,对应的 DCE 即数据服务单元(DSU),其功能是码型和电平的变换,信道特性的均衡,同步时钟信号的形成,控制接续的建立、保持和拆断(指交换连接情况)、维护测试等。

3. 数据电路和数据链路

数据电路是指在线路或信道上加信号变换设备之后形成的二进制比特流通路,它由传输信道及其两端的 DCE 组成。传输信道若为模拟信道,DCE 通常就是 MODEM,完成模拟信号和数字信号的转换;若为数字信道,DCE 则实现信号码型与电平的转换,以及线路接续控制等。另外,传输信道除有模拟和数字的区分外,还有有线信道与无线信道、专用线路与交换网线路之分。

数据链路是在数据电路已建立的基础上,通过发送方和接收方之间交换"握手"信号,使双方确认后方可开始传输数据的两个或两个以上的终端装置与互联线路的组合体。所谓"握手"信号是指通信双方建立同步联系,使双方设备处于正确收发状态、通信双方相互核对地址等。

9.2.2 数据通信业务网

在我国,提供数据通信业务基础网络有 3 种,即公用分组交换数据网(CHINAPAC)、公用数字数据网(CHINADDN)和公用帧中继宽带业务网(CHINAFRN)。

1. 公用分组交换数据网

公用分组交换数据网是实现不同类型计算机之间进行远距离数据传送的重要公共通信平台,也是目前国际上普遍采用的一种广域连接方式。其中最典型的是 X.25 分组交换数据网,采用多数电信组织、厂商都支持和遵守的国际标准 X.25 协议,用于定义公共分组交换数据网接口规范,所有的描述都以面向连接的虚电路服务为基础。X.25 分组交换数据网如图 9.7 所示。

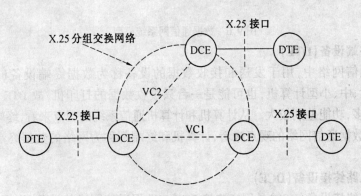

图 9.7 X.25 分组交换数据网

X.25 协议主要是指通过专用电路和公用数据网连接的终端使用的数据终端设备(DTE)与数据电路终端设备(DCE)之间的接口的协议,它定义了物理层、数据链路层、分组层(即网络层)三层协议,分别对应于 ISO/OSI 七层模型的下三层。

(1) 物理层

建立、保持和拆除 DTE 和 DCE 之间物理链路的机械、电气、功能和规程的条件,提供同步、全双工的点到点比特流的传输手段,DTE 和本地 DCE 之间的接口按 X.21 协议规定。

(2) 数据链路层

通过 DTE 和本地分组交换机 PSE(Packet Switched Equipment)间的物理链路向分组层提供等待重发、差错控制方式的分组传送服务,故可靠性高。另外这一层还规定了多链路规程 MLP(Multi Link Procedure),通过在多条平行的数据链路上同时传送信息帧,以提高信息的吞吐量和可靠性。

(3) 分组层(网络层)

分组层主要描述 DTE/DCE 接口上交换控制信息和用户数据的分组层规程,规定了虚电路业务规程、基本分组结构和数据分组格式以及可选用的用户业务功能等。

这一层采用的是时分复用原理,实现一个源 DTE 利用一条物理电路呼叫多个目的 DTE 进行分组数据交换。此外还提供永久虚电路 PVC 业务,这是供用户固定使用的虚电路,源 DTE 不必呼叫即能使用虚电路。

该网交换技术采用分组交换,即"存储－转发"工作方式,结合电路交换和报文交换的优点。工作原理是将报文划分成有固定格式的分组(Packet)进行交换、传输,一般为 1 kb 到数千位,每个分组按一定格式附加源与目的地址、分组编号、分组起始、结束标志、差错校验等信息,以分组形式在网络中传输。当源 DTE 将分组以比特串形式传送至本地分组交换机 PSE 后,本地 PSE 将收到的每个分组不管是否接通目的地址设备,都先存储起来,然后检查目的地址,在 PSE 保存的路由表中找到该目的地址规定的发送通路,PSE 即按允许的最大发送速率转发该分组。

公用分组交换数据网具有传输质量高、可靠性高及线路利用率高等优点,可以进行速率、码型、规程的转换,允许不同类型、不同速率、不同编码格式和不同通信规程的终端之间互相通信,可采用流量控制措施。

2. 公用数字数据网

公用数字数据网(CHINADDN)是利用数字信道传输数据信号的数字传输网,它主要向用户提供端到端的数字型数据传输信道,既可用于计算机远程通信,也可传送数字化传真、数字话音、图像等各种数字化业务,这与在模拟信道上通过 MODEM 来实现数据传输有很大区别。

公用数字数据网主要由本地传输系统、交叉连接/复用系统、局间传输系统和网络管理系统等部分组成,其组成结构如图 9.8 所示。

① 本地传输系统主要由用户设备、用户线和网络接入单元 NAU 组成。其中用户设备主要指个人计算机、电话机、传真机、局域网的网桥或路由器等;用户线一般采用电缆和光缆;网络接入单元 NAU 的目的是将用户设备输出的原始信号转换成适合在用户线上传输的信号形式,也可实现多路复用。

② 交叉连接/复用系统主要由数字交叉连接设备组成,是对数字群路信号及其子速率信号进行交换的设备。

③ 局间传输系统是指数据网中各节点通过数字信道连接组成的局间网络拓扑结构。

④ 网络管理系统主要用于用户接入管理、路由的选择、网络资源调度、网络状态监控、网络故障诊断、网络运行数据的收集与统计及计费统计等。

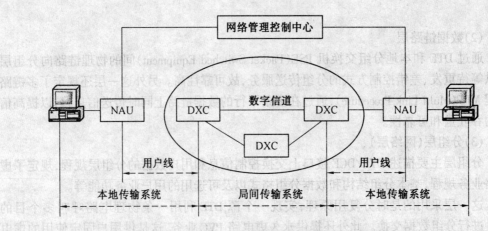

图9.8 公用数字数据网结构

⑤公用数字数据网采用数字方式传输数据,与传统的模拟数据网相比具有传输速率高、协议简单、全透明传输、灵活的通信方式、电路可靠性高、传输质量高、网络延迟小和网络运行管理简便等优点。

3. 公用帧中继宽带业务网(CHINAFRN)

公用帧中继宽带业务网是为适应局域网互联、图像传送以及其他突发性强、业务量较大和高速宽带通信而建设的通信网络,可广泛应用于会议电视、虚拟专用网(VPV)和远程医疗等应用领域。

公用帧中继宽带业务网主要采用帧中继技术,是从分组交换技术发展起来的,主要采用虚电路技术,对分组交换技术进行简化,具有吞吐量大、时延小,适合突发性业务等特点,能充分利用网络资源。

帧中继技术是在 X.25 分组交换技术基础上形成的新技术。X.25 分组交换技术是针对过去质量较差的传输环境,为提供高可靠性的数据服务,保证端到端传送质量,所以它采用逐段链路差错控制和流量控制,但由于协议多,X.25 交换机需进行大量的信息处理,使其传输速率降低,增加时延。而帧中继技术吸纳了 X.25 的优点,以分组交换技术为基础,综合 X.25 统计复用、端口共享等技术,采用分组交换中把数据组成不可分割的帧的方法,以帧为单位发送、接收和处理,为了克服 X.25 分组交换开销大、时延长的缺点,帧中继省略了分组层(网络层)的功能,保留了链路层统计复用和核心子层(LAPE – CORE)中帧的透明传输和差错检测及虚电路复用功能,不提供出错后的重传功能。由于省略了帧编号、差错控制、流量控制、应答、监视等功能,所以大大节省了交换机的开销,降低了时延,提高了信息吞吐量,而把这些功能全部交给用户终端去完成。

帧中继的工作原理简单,当帧中继交换机收到一个帧的首部时,只要一查出帧的目的地址就立即开始转发该帧。帧中继网络规定,一旦检测到有误码则立即中止该次传输,并将中止传输指示告知下一个节点,当下一个节点收到中止传输的指示后,也立即中止该帧的传输,并丢弃该帧。

帧中继业务与电路交换业务相比,实现了动态分配带宽技术,允许用户占用其他用户的空闲带宽来传送大量的突发性数据,实现带宽资源共享,降低了用户通信费用;与 X.25

分组交换业务相比,简化了通信协议,缩短了每帧数据处理时间,降低了网络时延,提高了网络吞吐量;与 ATM 业务相比,简化了系统更新,只需更新网络软件即可。

目前,21 个节点和网管中心之间已完成全网工程联调工作,可以向社会开发业务。公用帧中继宽带业务网将为现有的数据通信网提供高速汇接中继传输,不久将为公用计算机互联网提供 34 Mb/s 的中继电路,满足该网迅速增长的大业务量需求。其次,该网络将为局域网的互联提供高速率、大吞吐量的数据通道。另外,公用帧中继宽带业务网将为社会提供各种先进的数据通信手段,如多媒体通信、远程医疗、远程教学、桌面会议电视等应用。

9.3.3 数据通信网业务发展和趋势分析

随着互联网普及和企业信息化的不断完善,企业在使用 IT 进行信息管理基础上,也不断考虑如何使用最新的数据通讯技术来提高工作效率、降低工作成本从而提高竞争力。现在越来越多客户转向互联网,故通过互联网去发掘客户、服务客户成为企业和单位所面对的一个重要方向。这样,出现了"统一通信"技术,即把计算机互联网技术与传统通信技术融为一体的一种新的通信模式,其不受时间和空间的限制,随时随地可以通过任何设备、任何网络,获得文字信息、数据、图像和音视频的自由通信,以解决人与人之间沟通,既提高沟通效率,又降低沟通成本。解决方案包括即时通讯、网络视频会议、电子邮件、多媒体呼叫中心、协同软件等。

在目前的数据通信业务中,该"统一通讯"在 2010 年的发展趋势如下:

1. 走向更深层次的融合

先前统一通讯主要强调在系统内对各种通讯方式的融合的加强以及功能的完善。随着统一通讯应用渗透到企业内部日常办公、会议、培训、营销、客户服务等各个环节,系统之间也将进入融合。如多媒体呼叫中心坐席在碰到问题时可以及时让专家通过即时通讯来支持;即时通讯中能够即时开启和参加视频会议,在网络支持时能够与客户启动即时会议从而为客户提供全方位的支持。

另外,在与业务系统集成方面也将加强,如在 OA 系统上发布的重要通知或日程安排,能够同时发送到相关人员的即时通讯上,通过即时通讯也能够查看信息并直接登录到业务系统中。

2. 与 3G 结合走向应用

中国 3G 正在快速发展,统一通讯也就有了和 3G 对接融合发展的趋势。下一步只要拥有 3G 终端所有的统一通讯的沟通方式都可以支持。通过 3G 终端客户可以进行即时通讯、加入网络视频会议,呼叫的客服除了听到声音还可以看到坐席视频以及坐席提供的视频、图片资料。

3. 高清视频成为主要应用

随着新一代 H.264 视频压缩算法的出现,以及网络传输速度的不断提高,使得视频应用朝高清化发展,图像传输质量也更加的完美。H.264 等先进视频压缩技术使高清晰度视频传输所需带宽进一步降低,高清晰视频流传输的带宽约束大大降低。

9.3 移动通信网

移动通信网就是承接移动通信业务的网络,主要完成移动用户之间、移动用户与固定用户之间的信息交换。这里的"信息交换"不仅仅指双方的通话业务,还包括数据、传真和图像等通信业务。

一些移动通信网,直接向社会提供移动通信业务,与公共交换电话网(PSTN)联系密切,并经专门的线路进入公共交换电话网,我们称之为公用移动电话网。

也有的移动通信网是一些专用网,并不对公众开放,不进入电话网,或与 PSTN 的互联较少。例如,工业企业中的无线电调度、公安指挥、交通管理、海关缉私、医疗救护等部门使用的无线电话网,通常称为专用的移动通信网。

9.3.1 移动通信网的系统构成

移动通信网的组成如图 9.9 所示。

1. 移动业务交换中心 MSC

移动业务交换中心 MSC(Mobile-services Switching Centre)是蜂窝通信网络的核心。MSC 负责本服务区内所有用户的移动业务的实现,具体讲,MSC 有如下作用:

①信息交换功能:为用户提供终端业务、承载业务、补充业务的接续;

②集中控制管理功能:无线资源的管理,移动用户的位置登记、越区切换等;

③通过关口 MSC 与公用电话网相连。

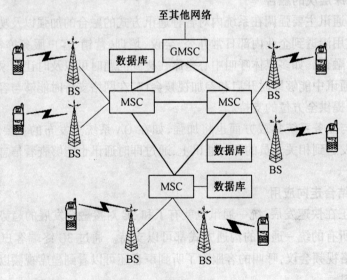

图 9.9 移动通信网的组成

2. 基站 BS

基站 BS(Base Station)负责和本小区内移动台之间通过无线电波进行通信,并与 MSC 相连,以保证移动台在不同小区之间移动时也可以进行通信。采用一定的多址方式可以区分一个小区内的不同用户。

基站设备包括传输设备、信号转换设备、天线与馈线系统(含铁塔)以及机房内的其他设备。

3. 移动台 MS

移动台 MS(Mobile Station)即手机或车载台。它是移动网中的终端设备,要将用户的话音信息进行变换并以无线电波的方式进行传输。

4. 中继传输系统

在 MSC 之间、MSC 和 BS 之间的传输线均采用有线方式。

5. 数据库

移动网中的用户是可以自由移动的,即用户的位置是不确定的。因此,要对用户进行接续,就必须掌握用户的位置及其他信息,数据库即是用来存储用户的有关信息的。数字蜂窝移动网中的数据库有:归属位置寄存器(Home Location Register,HLR)、访问位置寄存器(Visitor Location Register,VLR)、鉴权认证中心(Authentic Center,AUC)、设备识别寄存器(Equipment Identity Register,EIR)等。

9.3.2 移动通信网的覆盖方式

1. 大区制

大区制是指由一个基站(发射功率为 50~100 W)覆盖整个服务区,该基站负责服务区内所有移动台的通信与控制。大区制的覆盖半径一般为 30~50 km。

采用这种大区制方式时,由于采用单基站制,没有重复使用频率的问题,因此技术问题并不复杂。只需根据所覆盖的范围确定天线的高度、发射功率的大小,并根据业务量大小,确定服务等级及应用的信道数。但也正是由于采用单基站制,因此基站的天线需要架设得非常高,发射机的发射功率也要很高。即使这样做,也只可保证移动台收到基站的信号,而无法保证基站能收到移动台的信号。因此这种大区制通信网的覆盖范围是有限的,只能适用于小容量的网络,一般用在用户较少的专用通信网中,如早期的模拟移动通信网(IMTS)中即采用大区制。

2. 小区制

小区制是指将整个服务区划分为若干小区,在每个小区设置一个基站,负责本小区内移动台的通信与控制。小区制的覆盖半径一般为 2~10 km,基站的发射功率一般限制在一定的范围内,以减少信道干扰。同时还要设置移动业务交换中心,负责小区间移动用户的通信连接及移动网与有线网的连接,保证移动台在整个服务区内,无论在哪个小区都能够正常进行通信。

由于是多基站系统,因此小区制移动通信系统中需采用频率复用技术。在相隔一定距离的小区进行频率再用,可以提高系统的频率利用率和系统容量,但网络结构复杂,投资巨大。尽管如此,为了获得系统的大容量,在大容量公用移动通信网中仍普遍采用小区制结构。

公用移动通信网在大多数情况下,其服务区为平面形,称为面状服务区。这时小区的划分较为复杂,最常用的小区形状为正六边形,这是最经济的一种方案。由于正六边形的网络形同蜂窝,因此称此种小区形状的移动通信网为蜂窝网。目前公用移动通信系统的网络结构均为蜂窝网结构,称为蜂窝移动通信系统。

9.3.3 第四代移动通信系统网络结构及其关键技术

第四代移动通信系统网络结构可分为物理网络层、中间环境层和应用网络层。物理网络层提供接入和路由选择功能,它们由无线和核心网的结合格式完成。中间环境层的功能有 QoS 映射、地址变换和完全性管理等。物理网络层与中间环境层及其应用环境之间的接口是开放的,它使发展和提供新的应用及服务变得更为容易,提供无缝高数据率的无线服务,并运行于多个频带。这一服务能自适应多个无线标准及多模终端能力,跨越多个运营者和服务,提供大范围服务。移动通信系统的关键技术包括信道传输;抗干扰性强的高速接入技术、调制和信息传输技术;高性能、小型化和低成本的自适应阵列智能天线;大容量、低成本的无线接口和光接口;系统管理资源;软件无线电、网络结构协议等。移动通信系统主要是以正交频分复用(OFDM)为技术核心。OFDM 技术的特点是网络结构高度可扩展,具有良好的抗噪声性能和抗多信道干扰能力,可以提供比目前无线数据技术质量更高(速率高、时延小)的服务和更好的性能价格比,能为 4G 无线网提供更好的方案。例如无线区域环路(WLL)、数字音讯广播(DAB)等,都将采用 OFDM 技术。4G 移动通信对加速增长的宽无线连接的要求提供技术上的回应,对跨越公众的和专用的、室内和室外的多种无线系统和网络保证提供无缝的服务。通过对最适合的可用网络提供用户所需求的最佳服务,能应付基于因特网通信所期望的增长,增添新的频段,使频谱资源大扩展,提供不同类型的通信接口,运用路由技术为主的网络架构,以傅里叶变换来发展硬件架构实现网络架构。移动通信将向数据化、高速化、宽带化、频段更高化方向发展,移动数据、移动 IP 将成为未来移动网的主流业务。

9.3.4 物联网的概念

物联网就是"物物相连的互联网",英文名称为"The Internet of Things",是指通过射频识别(RFID)、红外感应器、全球定位系统、激光扫描器等信息传感设备,把任何物品与互联网连接起来,进行信息交换和通讯,以实现智能化识别、定位、跟踪、监控和管理的一种网络。这里的"物"要满足以下条件才能够被纳入"物联网"的范围:①要有相应信息的接收器;②要有数据传输通路;③要有一定的存储功能;④要有 CPU;⑤要有操作系统;⑥要有专门的应用程序;⑦要有数据发送器;⑧要遵循物联网的通信协议;⑨要有在世界网络中有可被识别的唯一编号。

国际电信联盟的一份报告曾描绘"物联网"时代的图景:当司机出现操作失误时汽车会自动报警;公文包会提醒主人忘带了什么东西;衣服会"告诉"洗衣机对颜色和水温的要求等。物联网把新一代 IT 技术充分运用在各行各业之中,具体地说,就是把感应器嵌入和装备到电网、铁路、桥梁、隧道、公路、建筑、供水系统、大坝、油气管道等各种物体中,然后将"物联网"与现有的互联网整合起来,实现人类社会与物理系统的整合,在这个整合的网络当中,存在能力超级强大的中心计算机群,能够对整合网络内的人员、机器、设备和基础设施实施实时的管理和控制,在此基础上,人类可以以更加精细和动态的方式管理生产和生活,达到"智慧"状态,提高资源利用率和生产力水平,改善人与自然间的关系。

物联网是在计算机互联网的基础上,利用RFID、无线数据通信等技术,构造一个覆盖世界上万事万物的"Internet of Things"。在这个网络中,物品(商品)能够彼此进行"交流",而无需人的干预,其实质是利用射频自动识别(RFID)技术,通过计算机互联网实现物品(商品)的自动识别和信息的互联与共享。

物联网中非常重要的技术是射频识别(RFID)技术。RFID是射频识别(Radio Frequency Identification)技术英文缩写,是20世纪90年代开始兴起的一种自动识别技术,是目前比较先进的一种非接触识别技术。以简单RFID系统为基础,结合已有的网络技术、数据库技术、中间件技术等,构筑一个由大量联网的阅读器和无数移动的标签组成的,比Internet更为庞大的物联网成为RFID技术发展的趋势。而RFID正是能够让物品"开口说话"的一种技术。在"物联网"的构想中,RFID标签中存储着规范而具有互用性的信息,通过无线数据通信网络把它们自动采集到中央信息系统,实现物品(商品)的识别,进而通过开放性的计算机网络实现信息交换和共享,实现对物品的"透明"管理。

"物联网"概念的问世,打破了之前的传统思维。过去的思路一直是将物理基础设施和IT基础设施分开:一方面是机场、公路、建筑物,而另一方面是数据中心,如个人电脑、宽带等。而在"物联网"时代,钢筋混凝土、电缆将与芯片、宽带整合为统一的基础设施,在此意义上,基础设施更像是一块新的地球工地,世界的运转就在它上面进行,其中包括经济管理、生产运行、社会管理乃至个人生活。

毫无疑问,如果"物联网"时代来临,人们的日常生活将发生翻天覆地的变化。然而,不谈什么隐私权和辐射问题,单把所有物品都植入识别芯片这一点现在看来还不太现实。人们正走向"物联网"时代,但这个过程可能需要一定的时间。

本章小结

通信网是由通信端点、连接节点和相应的传输链路有机地组合起来,以实现在两个或更多的通信端点之间提供信息传输的通信体系。通信网一般由终端设备、传输设备、交换系统三部分构成,是构成通信网的物理实体。

电话网采用电路交换方式,其结点交换设备是数字程控交换机,另外还应包括传输设备及终端设备,为使全网协调工作还应有各种协议和标准。

数据通信网是信息以数据形式来表示的,故计算机网络必须要解决数据通信网问题。数据通信网分布在各处的数据终端、数据传输设备、数据交换设备和数字通信线路。通信内容是二进制的数字化信息。

移动通信网主要完成移动用户之间、移动用户与固定用户之间的信息交换。这里信息交换包括数据、传真和图像等业务。移动通信网包括移动业务交换中心、基站、移动台、中继传输系统与数据库等,未来将是"物联网"的时代,物体与互联网相联将使人们的生活发生翻天覆地的变化。

习　题

1. 通信网的组成要素及通信网的分类方式？
2. 本地网的汇接方式有哪些？
3. 长途电话网的组成以及长途路由选择顺序的原则是什么？
4. 具体分析我国电话网的编号计划。
5. 数据通信网系统由几部分组成？各部分的功能是什么？
6. 我国数据通信业务基础网络有哪几种？各自的优点是什么？
7. 公用数字数据网由几部分组成及每部分由哪些设备组成？
8. X.25协议对ISO/OSI七层模型的低三层进行定义，具体描述哪些内容？
9. 移动通信网的系统构成包括几部分？简述每一部分的功能？
10. 什么是大区制？什么是小区制？
11. 实现多址接入的基本方法有几种？它们分别是什么？各自有什么特点？
12. 移动通信系统的工作方式可以分为几种？各自有什么特点？
13. 第四代移动通信系统网络结构可分为几层？简述每一层的功能？

参考文献

[1] 樊昌信,等. 通信原理[M]. 6版. 北京:国防工业出版社,2006.
[2] 邢彦辰. 计算机网络与通信[M]. 北京:人民邮电出版社,2008.
[3] 高传善. 数据通信与计算机网络[M]. 北京:高等教育出版社,2004.
[4] 李斯伟. 数据通信技术[M]. 2版. 北京:人民邮电出版社,2007.
[5] NC课程开发团队. 数据通信网络技术[M]. 深圳:中兴通讯股份有限公司,2008.
[6] 胡宴如,耿苏燕. 高频电子线路[M]. 北京:高等教育出版社,2009.
[7] 南利平,李学华,张晨燕,等. 通信原理简明教程[M]. 2版. 北京:清华大学出版社,2007.
[8] 孙学军. 通信原理[M]. 2版. 北京:电子工业出版社,2007.
[9] 孙青华. 现代通信技术[M]. 北京:人民邮电出版社,2005.
[10] 强世锦,等. 数字通信原理[M]. 北京:清华大学出版社,2008.
[11] 王兴亮,等. 数字通信原理与技术[M]. 西安:西安电子科技大学出版社,2002.
[12] 王士林,等. 现代数字调制技术[M]. 北京:人民邮电出版社,1987.
[13] 胡捍英,等. 第三代移动通信系统[M]. 北京:人民邮电出版社,2001.
[14] 郭黎利,张晓林,周凯. 通信原理[M]. 修订版. 哈尔滨:哈尔滨工程大学出版社,2005.

读者反馈表

尊敬的读者：

您好！感谢您多年来对哈尔滨工业大学出版社的支持与厚爱！为了更好地满足您的需要，提供更好的服务，希望您对本书提出宝贵意见，将下表填好后，寄回我社或登录我社网站（http://hitpress.hit.edu.cn）进行填写。谢谢！您可享有的权益：

☆ 免费获得我社的最新图书书目　　　☆ 可参加不定期的促销活动
☆ 解答阅读中遇到的问题　　　　　　☆ 购买此系列图书可优惠

读者信息

姓名_____　□先生　□女士　　年龄_____　学历_____
工作单位_____　职务_____
E-mail _____　邮编_____
通讯地址_____
购书名称_____　购书地点_____

1. 您对本书的评价

内容质量	□很好	□较好	□一般	□较差
封面设计	□很好	□一般	□较差	
编排	□利于阅读	□一般	□较差	
本书定价	□偏高	□合适	□偏低	

2. 在您获取专业知识和专业信息的主要渠道中，排在前三位的是：
①_____　②_____　③_____
A. 网络　B. 期刊　C. 图书　D. 报纸　E. 电视　F. 会议　G. 内部交流　H. 其他：_____

3. 您认为编写最好的专业图书（国内外）

书名	著作者	出版社	出版日期	定价

4. 您是否愿意与我们合作，参与编写、编译、翻译图书？
_____

5. 您还需要阅读哪些图书？
_____

网址：http://hitpress.hit.edu.cn
技术支持与课件下载：网站课件下载区
服务邮箱 wenbinzh@hit.edu.cn　duyanwell@163.com
邮购电话 0451-86281013　0451-86418760
组稿编辑及联系方式　赵文斌（0451-86281226）　杜燕（0451-86281408）
回寄地址：黑龙江省哈尔滨市南岗区复华四道街10号　哈尔滨工业大学出版社
邮编：150006　传真 0451-86414049